# PRENDAS DE GANCHILLO DIVERTIDAS

30 GORROS, BUFANDAS, PRENDAS DE VESTIR, MANTAS Y JUGUETES

**BLUME**

KAT GOLDIN

*A mis cuatro amores, que me inspiran cada día*

BLUME

Título original *Crochet at Play*

**Edición** Vicky Orchard, Joanne Scrace
**Fotografía** Kat Goldin
**Diseño** Louise Leffler
**Estilismo** Nadine Tubbs
**Traducción** Teresa Jarrín Rodríguez
**Revisión técnica de la edición en lengua española:**
Isabel Jordana Barón
Profesora de Moda. Escola de la Dona (Barcelona)
**Coordinación de la edición en lengua española:**
Cristina Rodríguez Fischer

*Primera edición en lengua española 2015*

© 2015 Naturart, S.A. Editado por BLUME
Av. Mare de Déu de Lorda, 20
08034 Barcelona
Tel. 93 205 40 00 Fax 93 205 14 41
e-mail: info@blume.net
© 2013 Kyle Books, Londres
© 2013 del texto Kat Goldin
© 2013 de las fotografías Kat Goldin
© 2013 de las ilustraciones Sarah Leuzzi
© 2013 de las ilustraciones técnicas Kuo Kang Chen

ISBN: 978-84-16138-25-8

Impreso en China

WWW.BLUME.NET

Este libro se ha impreso sobre papel manufacturado con materia prima
procedente de bosques de gestión responsable. En la producción de nuestros
libros procuramos, con el máximo empeño, cumplir con los requisitos
medioambientales que promueven la conservación y el uso sostenible
de los bosques, en especial de los bosques primarios. Asimismo, en nuestra
preocupación por el planeta, intentamos emplear al máximo materiales
reciclados, y solicitamos a nuestros proveedores que usen materiales
de manufactura cuya fabricación esté libre de cloro elemental (ECF)
o de metales pesados, entre otros.

# CONTENIDO

# INTRODUCCIÓN

Si cogiéramos el contenido de este libro y lo pusiéramos en infusión para destilar la esencia del diseño, veríamos que el principal ingrediente de cada prenda es «la diversión». Desde la imagen grande de cada capítulo hasta los detalles más específicos de la lana, los puntos y las opciones de confección, siempre he tratado de mantener en primer plano el factor diversión.

- divertido de hacer
- divertido de llevar
- divertido de ver

Crear para los niños es una de las mejores excusas que conozco para aportar un toque de extravagancia y magia a los diseños. Los detalles pequeños, como coser unas orejas en la capucha de una chaqueta, convierten una prenda ordinaria en un artículo de juego.

Aunque aprendí a hacer ganchillo de pequeña, fue el cumpleaños de mi hijo en 2007 lo que volvió a despertar en mí el deseo de coger una aguja, con la consecuencia de que todos los miembros de mi familia y mis amigos recibieron gorros y bufandas con hechuras poco conseguidas. A medida que mejoró mi habilidad, me esforcé por buscar cosas que realmente quisiese confeccionar. Tras buscar muchas horas en libros y en Ravelry, encontré pocos diseños que fueran modernos y prácticos y que sirvieran tanto para niño como para niña. Así que me puse a hacer punto.

Tejí bufandas y gorros, y mantas y jerséis. Y cuanto más tejía, más echaba de menos la comodidad y la flexibilidad del ganchillo. Cuando se teje, suele ocurrir que los niños, jugando, acaban sacando las agujas de labores complicadas, que luego hay que arreglar. En cuanto se distrae uno un poco, se pueden perder puntos. Así que, con el tiempo, el ganchillo volvió a atraerme. Esta vez, en lugar de buscar patrones, decidí hacérmelos yo misma. Influida por el diseño de prendas de punto, la vibrante moda de lo hecho a mano y mis tres hijos, he tratado siempre de abordar el ganchillo y sus posibilidades con un punto de vista fresco.

Los patrones que aparecen en este libro están organizados en cuatro capítulos:

**Cabeza y hombros,** para gorros, bufandas y capas.
**Piernas, manos y pies,** para guantes, zapatillas y prendas similares.
**Cuerpo entero,** para cuando hace falta cubrir todo el cuerpo (o al menos la parte superior).
**El cuarto de juegos,** una colección de diseños que alegrará cualquier espacio infantil.

La mayoría de los patrones de este libro están diseñados para la talla de un niño de 6 años, aunque hay también unos pocos para niños de mayor edad y para bebés. No hay duda de que en esta obra encontrará algo para los niños que haya en su vida, desde regalos pequeños que se pueden hacer rápidamente en el último momento hasta labores de mayor entidad.

Espero que disfrute con la aguja (y lo más importante: ¡que se divierta!).

Kat
www.slugsontherefrigerator.com

# CÓMO EMPEZAR

## HILOS

Cuando compre hilo, mi consejo es que consiga el mejor que se pueda permitir. Las prendas infantiles son pequeñas y no llevan tanta cantidad de hilo, así que es posible pagar un poco más por el material, que resistirá mejor el paso del tiempo (y el uso) y será más agradable de manipular y de usar.

Es fácil que en la mercería se sienta uno abrumado por la variedad de colores, fibras y pesos de lana que hay en el mercado. He tratado de elegir hilos que no solo sean bonitos, sino también relativamente resistentes. Hay muchas opciones lavables, y también he sugerido hilos alternativos.

### Acrílico

No hay duda de que el acrílico es el material más económico que se puede encontrar. Por su precio y su suavidad, se ha convertido en la fibra habitual de la ropa infantil. Sin embargo, el acrílico no siempre queda tan bien puesto y puede dar lugar a prendas deformes y que saquen bola.

### Lana

Aquellos jerséis que hacían las abuelas y que picaban tanto son cosa del pasado (¡esperemos!). Los hilos de lana, especialmente los de lana de merino, pueden ser muy bonitos, suaves y ligeros. En el mercado hay muchas lanas lavables a mano. Busque en la etiqueta el término *superlavado*, sobre todo si va a hacer una prenda para regalar y quiere que haya más probabilidades de que su cariñoso obsequio hecho a mano se acabe usando. La lana de merino superlavado es una de las fibras con las que más me gusta trabajar.

### Otras fibras

Desde el algodón hasta el bambú o desde la alpaca hasta las fibras de leche, existe una impresionante variedad de hilos en el mercado. El algodón y los hilos de bambú son opciones excelentes para las prendas infantiles. Suelen ser lavables a máquina y muy buenos para hacer capas de tejido. Como cada fibra tiene sus propiedades características, si tiene dudas sobre cómo va a funcionar un hilo, pida al dependiente de la tienda que le aconseje.

### Sustituir el hilo

En todos los patrones del libro, he sugerido un hilo que funcionará bien para el patrón en términos de peso, caída y lavado. He incluido también unas pocas sugerencias para ayudarle a encontrar alternativas. En cada patrón, también se mencionan la cantidad de hilo necesaria, las propiedades del hilo y su peso. Para evitar que un hilo de sustitución le dé algún problema, elija alguno similar.

## AGUJAS

Las agujas de ganchillo se fabrican con una infinita variedad de materiales: madera, acrílico, aluminio o acero, por nombrar unos pocos. Yo prefiero la sensación del aluminio y la forma en que resbala; además, las agujas de este material son económicas y sirven para trabajar con la mayor parte de los hilos. Lo cierto es que puede llevarle un tiempo averiguar el tipo de aguja con el que prefiera trabajar, así que pruebe unos pocos materiales para ver cuál será su favorito.

El tamaño de las agujas de ganchillo se mide en función de su diámetro. Una aguja más grande llevará más hilo al punto. Normalmente, las agujas más grandes se utilizan con hilos más gruesos, y las más pequeñas, con hilos más finos.

OTROS ELEMENTOS

**Agujas de tapicería/de lana**

Tienen ojos grandes y son romas.

**Marcadores de puntos**

Utilice los que tienen un anillo dividido
o van abiertos, pues necesitará moverlos
en cada vuelta. Yo suelo usar una simple hebra
de hilo sobrante o un imperdible, en lugar de
comprar un marcador propiamente dicho.

**Aguja de coser**

Se utiliza sobre todo para coser botones.
Son más finas y afiladas que las agujas para
lana. Si no tiene un hilo a juego para coser
los botones, divida por la mitad el que esté
usando para la labor y enhébrelo en la aguja.

**Tijeras**

Unas tijeras de bordar bien afiladas son
especialmente útiles para las labores de
ganchillo. Le permitirán hacer cortes
de precisión sin que se le acumule el
material ante la tijera.

**Botones**

La elección de los botones es quizá mi
parte favorita de la confección de una prenda.
Recuerde que los botones son peligrosos
para los niños, pues pueden tragárselos,
así que asegúrese de coserlos con firmeza
y verifíquelos con regularidad.

TALLAJE

Todas las prendas de este libro llevan medidas
detalladas. Cada medida tiene una guía del
tramo de edad para el que servirá la prenda.
Recuerde que se trata solo de guías, y que
los niños pueden tener tallas muy variadas.
Utilice las medidas reales del niño que va a
llevar la prenda para decidir qué «talla» hacer.
Las medidas principales, como las del pecho o
la longitud, se dan al principio de cada patrón.

• Circunferencia de la cabeza: medida
alrededor de la cabeza, justo por encima
de las orejas.

• Pecho: medida alrededor del tronco
del niño, justo por debajo de las axilas.

• Longitud de la manga: medida desde
el hombro hasta la muñeca.

• Longitud: medida desde la parte posterior
del cuello hasta la cintura.

• Cintura: medida alrededor de esta parte
del cuerpo.

• Longitud de la mano: medida desde la
muñeca hasta el final del dedo corazón.

• Anchura de la mano: medida de la palma
de la mano al través, justo por debajo de los
dedos.

• Longitud del pie: medida desde el dedo
gordo hasta el talón.

• Anchura del pie: medida del metatarso
de lado a lado.

La medida final del pecho de una prenda
como una chaqueta de punto, por ejemplo,
debe superar en 5-10 cm la del pecho del
niño. Los gorros deben ser ligeramente más
pequeños que la medida de la circunferencia
de la cabeza y suelen servir para un rango
más amplio de tamaños de cabeza.

Si va a hacer una prenda para un bebé
que aún no haya nacido, piense en la fecha
de nacimiento y en la edad que tendrá
el niño cuando vaya a necesitar la prenda.
Si tiene dudas, hágalo siempre más grande.

Las prendas de este libro están diseñadas
para que queden holgadas, de modo que les
sirvan a los niños aunque crezcan un poco.

## TENSIÓN

Todo el mundo hace ganchillo de manera distinta. Algunos trabajan muy flojo, y otros, más prieto. Para piezas como bufandas o prendas del hogar, la tensión no es tan importante, pues simplemente se acabará haciendo una manta ligeramente más grande (o más pequeña). Sin embargo, para que las prendas de vestir queden bien, hay que asegurarse de trabajar con la tensión correcta.

Por tensión se entiende el número de puntos y vueltas que hay en un cuadrado de 10 cm de lado confeccionado con el hilo y la aguja que haya seleccionado.

Para ver si la tensión con la que usted trabaja es igual que la que se indica en el patrón, haga un cuadrado de al menos 10 cm de lado con la aguja y el tipo de punto recomendados. Después, si piensa lavar la prenda acabada (como sucederá en la mayor parte de los casos), lave y estire (*véase* pág. 14) la muestra del mismo modo que vaya a lavar la prenda. Déjela secar por completo y luego cuente los puntos y las vueltas.

Si cuenta más puntos y vueltas en la muestra que los que se indican en el patrón, cambie la aguja de ganchillo por otra más grande. Si cuenta menos, cambie por una más pequeña. Después, confeccione otra muestra y lávela del mismo modo que hizo antes para verificar que esta vez la tensión sea correcta.

# TÉCNICAS Y PUNTOS BÁSICOS

## SUJETAR LA AGUJA Y EL HILO

Las agujas de ganchillo se cogen a veces como un bolígrafo, con el dedo índice y el pulgar sujetando la parte plana de la aguja, y la parte posterior de la aguja sobresaliendo por encima del pulgar. También pueden cogerse como un cuchillo, con la parte posterior de la aguja cubierta por la mano.

El hilo debe cogerse con la mano que no sujete la aguja. Entrelazar el hilo en los dedos sirve para aportar un poco de tensión y controlar mejor la labor.

Le llevará algo de tiempo encontrar el modo más cómodo de sujetar la aguja y el hilo. Si es principiante en ganchillo, le resultará más fácil aprender las técnicas básicas haciendo labores en las que se utilice un hilo grueso y una aguja grande.

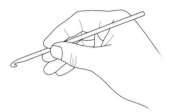

*Sujetar la aguja
como un lapicero*

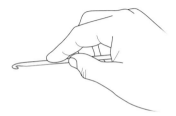

*Sujetar la aguja
como un cuchillo*

## NUDO CORREDIZO

Deje una cola de hilo de 15 cm y forme una lazada cruzando el extremo cortado del hilo por debajo del cabo de hilo más cercano al ovillo. Meta la aguja por la lazada para agarrar el hilo del lado más cercano al ovillo y hacerlo pasar por la lazada. Tire con firmeza de los dos extremos del hilo.

## CADENETA (c)

Comience haciendo un nudo corredizo en la aguja y ponga el hilo sobre la aguja. Gire un poco la aguja, agarre el hilo y hágalo pasar por el punto del nudo corredizo. Repita tantas veces como indique el patrón.

## RECUENTO DE LAS CADENETAS

Cuando cuente el número de cadenetas que ha hecho, no incluya el nudo corredizo o el punto que ya tenga en la aguja.

## CADENETAS ADICIONALES EN LAS VUELTAS

Para conseguir que la nueva vuelta tenga la altura correcta, a menudo se le indicará que haga cadenetas adicionales al principio de la misma. Estas cadenetas se cuentan como puntos, excepto en el caso del punto bajo. De todas formas, en cada patrón se le indicará si tiene que contarlas o no.

Los puntos de ganchillo tienen distintas alturas. Para cada punto hay un número correspondiente de cadenetas adicionales que deberán hacerse al principio de la vuelta:

1c = punto bajo

2c = medio punto alto

3c = punto alto

4c = punto alto triple

A veces se le indicará que haga más cadenetas de las que se necesitan para el punto, en cuyo caso el recuento deberá hacerse como si se tratara de un punto más un número de cadenetas.

## ANATOMÍA DE UN PUNTO DE GANCHILLO

### Puntos en V

En la parte superior del punto, verá dos hebras en forma de V. A menos que se especifique otra cosa, siempre deberá trabajar en estas dos hebras.

### Puntos verticales

Se trata del «cuerpo» del punto. Es la parte que se hace con la hebra que se pasa alrededor de la aguja. Cuantas más veces pase la hebra alrededor de la aguja, más largos serán estos puntos verticales.

### Puntos de enganche

Es la parte inferior del punto, la que conecta con la vuelta anterior.

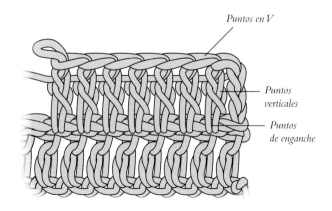

*Puntos en V*

*Puntos verticales*

*Puntos de enganche*

## PUNTO RASO (pra)

Los puntos rasos se utilizan normalmente para unir vueltas o para llevar la hebra de trabajo a un nuevo punto de la prenda sin tener que añadir puntos que abulten mucho o romper el hilo.

**1.** Introduzca la aguja en el punto.

**2.** Pase el hilo alrededor de la aguja.

**3.** Haga pasar el hilo tanto por el punto ya hecho como por el que tiene en la aguja.

*Hilo en movimiento*

*Unir en redondo*

## PUNTO BAJO (pb)

**1.** Introduzca la aguja en el punto.

**2.** Pase el hilo alrededor de la aguja.

**3.** Haga pasar el hilo por el punto.

**4.** Pase de nuevo el hilo alrededor de la aguja.

**5.** Haga pasar el hilo por los dos puntos que tiene en la aguja.

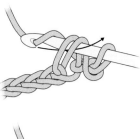

## MEDIO PUNTO ALTO (mpa)

**1.** Pase el hilo alrededor de la aguja.

**2.** Introduzca la aguja en el punto.

**3.** Pase el hilo alrededor de la aguja.

**4.** Haga pasar el hilo por el punto (3 puntos en la aguja).

**5.** Pase de nuevo el hilo alrededor de la aguja.

**6.** Haga pasar el hilo por los 3 puntos que tiene en la aguja.

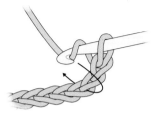

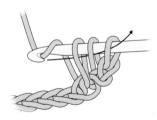

## PUNTO ALTO (pa)

1.  Pase el hilo alrededor de la aguja.
2.  Introduzca la aguja en el punto.
3.  Pase el hilo alrededor de la aguja.
4.  Haga pasar el hilo por el punto
(3 puntos en la aguja).
5.  Pase de nuevo el hilo alrededor de la aguja.
6.  Haga pasar el hilo por 2 de los puntos
que tiene en la aguja.
7.  Pase de nuevo el hilo alrededor de la aguja.
8.  Haga pasar el hilo por los 2 últimos
puntos que le queden en la aguja.

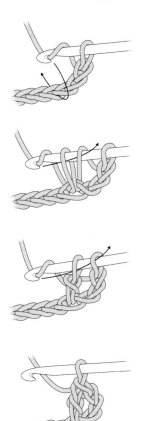

## PUNTO ALTO DOBLE (pad)

1.  Pase el hilo alrededor de la aguja
2 veces.
2.  Introduzca la aguja en el punto.
3.  Pase el hilo alrededor de la aguja.
4.  Haga pasar el hilo por el punto
(4 puntos en la aguja).
5.  Pase de nuevo el hilo alrededor de
la aguja.
6.  Haga pasar el hilo por 2 de los puntos
que tiene en la aguja (3 puntos en la aguja).
7.  Pase de nuevo el hilo alrededor de la
aguja.
8.  Haga pasar el hilo por 2 de los puntos
que tiene en la aguja.
9.  Pase de nuevo el hilo alrededor de la
aguja.
10. Haga pasar el hilo por los 2 últimos
puntos que le queden en la aguja.

## PUNTOS EN RELIEVE

Los puntos en relieve se usan para hacer ochos de ganchillo y canalé. Se hacen trabajando alrededor de los puntos verticales de la puntada, en lugar de por la parte superior. Los puntos en relieve se pueden hacer con cualquiera de los puntos básicos, pero se suelen utilizar con el punto alto.

## PUNTO ALTO EN RELIEVE POR DELANTE (PaRpdl)

**1.** Pase el hilo alrededor de la aguja.

**2.** Introduzca la aguja en el espacio entre el punto donde va a hacer el relieve y el punto anterior. Hágalo por delante de la labor.

**3.** Lleve la aguja por la parte de atrás del punto y luego por delante para sacarla entre el punto donde va a hacer el relieve y el siguiente punto.

**4.** Pase el hilo alrededor de la aguja.

**5.** Haga pasar el hilo por los espacios entre los puntos.

**6.** Pase el hilo alrededor de la aguja y hágalo pasar por 2 puntos 2 veces, como si fuera punto alto normal.

## PUNTO ALTO EN RELIEVE POR DETRÁS (PaRpdtr)

**1.** Pase el hilo alrededor de la aguja.

**2.** Introduzca la aguja en el espacio entre el punto donde va a hacer el relieve y el punto anterior. Hágalo por detrás de la labor.

**3.** Lleve la aguja por la parte delantera del punto y luego por detrás para sacarla entre el punto donde va a hacer el relieve y el siguiente punto.

**4.** Pase el hilo alrededor de la aguja.

**5.** Haga pasar el hilo por los espacios entre los puntos.

**6.** Pase el hilo alrededor de la aguja y hágalo pasar por 2 puntos 2 veces, como si fuera punto alto normal.

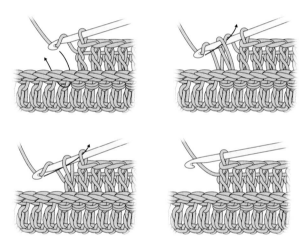

## OCHOS DE GANCHILLO

Los ochos de ganchillo se hacen cruzando grupos de puntos en relieve. El procedimiento puede ser un poco difícil de entender al principio. En todos los ochos que se hacen en este libro hay que saltarse un número concreto de puntos, luego se hace un grupo de puntos en relieve y después hay que volver y hacer los puntos que antes no se han hecho, de modo que se crucen por delante del ocho. Luego se continúa trabajando según el patrón.

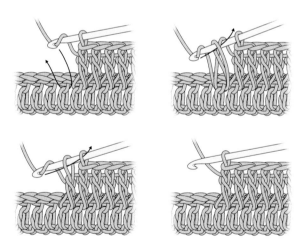

## PUNTO BAJO DE BASE (pbbase)

El punto de ganchillo de base o sin cadeneta es un modo de crear la primera vuelta de una labor sin tener que hacer cadeneta. Se utiliza para partes de la prenda que requieren más elasticidad de la que proporciona el punto de cadeneta.

**1.** Haga un nudo corredizo y después 2 cadenetas.

**2.** Introduzca la aguja en la primera cadeneta.

**3.** Enrolle el hilo alrededor de la aguja y hágalo pasar por el punto (2 puntos en la aguja).

**4.** Enrolle el hilo alrededor de la aguja y hágalo pasar por los 2 puntos que tiene en la aguja. Este contará como el punto de cadeneta.

**5.** Enrolle de nuevo el hilo alrededor de la aguja y hágalo pasar por los 2 puntos que tiene en la aguja.

Para continuar:

**1.** Introduzca la aguja en el punto de cadeneta del punto bajo de base anterior.

**2.** Enrolle el hilo alrededor de la aguja y hágalo pasar por el punto (2 puntos en la aguja). Este contará como el punto de unión.

**3.** Enrolle el hilo alrededor de la aguja y hágalo pasar por uno de los puntos que tiene en la aguja (2 puntos en la aguja). Este contará como el punto de cadeneta.

**4.** Enrolle de nuevo el hilo alrededor de la aguja y hágalo pasar por los 2 puntos que tiene en la aguja.

## DISMINUCIONES

Las disminuciones se crean haciendo el punto específico hasta la última vez que se enrolla el hilo alrededor de la aguja; luego se introduce la aguja en el siguiente punto y se trabaja hasta la última vez que se enrolla el hilo alrededor de la aguja. Para acabar, se enrolla el hilo alrededor de la aguja y se hace pasar por todos los puntos que hay en la aguja.

## TRABAJAR EN REDONDO

La mayoría de los patrones de este libro indican que se trabaje en redondo a partir de un aro deslizado. Este es mi modo preferido de empezar este tipo de labor, pues permite hacer una primera vuelta bastante apretada y cerrada.

**1.** Haga una lazada con el hilo poniendo el extremo cortado por detrás del cabo de hilo más cercano al ovillo.

**2.** Pase la aguja por la lazada para agarrar el cabo de hilo de la parte del ovillo y hacerlo pasar al otro lado de la lazada. Déjelo flojo.

**3.** Encadene los puntos que se indiquen. Esto ayudará a asegurar el bucle.

**4.** Haga los puntos que se indiquen trabajando en la lazada grande de la parte inferior de la labor.

**5.** Tire del extremo cortado del hilo para formar un círculo con la parte inferior de los puntos.

**6.** Después de hacer varias vueltas del patrón, asegure el aro haciendo un nudo en la parte del cabo de hilo cortado.

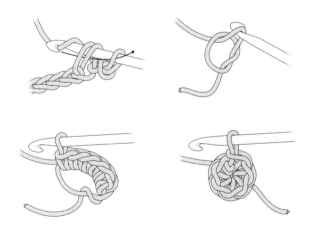

Si el aro deslizado le parece difícil, también puede empezar en redondo a partir de 4 cadenetas. Una los puntos con un punto raso y luego trabaje alrededor del aro creado con las cadenetas (sin trabajar en cada una individualmente, como haría en el caso de vueltas normales).

## UNIR HILOS

Para unir un nuevo color o un nuevo ovillo sin que se note, cambie de hilo en el momento en que le toque enrollar el hilo alrededor de la aguja. Por ejemplo, si estuviera trabajando con punto bajo, debería hacerlo del siguiente modo:

1.  Introduzca la aguja en el punto.

2.  Enrolle el hilo alrededor de la aguja.

3.  Haga pasar el hilo por el punto.

4.  Enrolle de nuevo el hilo alrededor de la aguja con el nuevo color/hilo.

5.  Haga pasar el hilo por los 2 puntos que tiene en la aguja.

Es fácil meter los extremos sueltos del hilo trabajando alrededor de ellos a medida que se hacen vueltas. Solo tiene que colocarlos por la parte superior de la vuelta en la que esté trabajando y continuar tejiendo los puntos del modo normal.

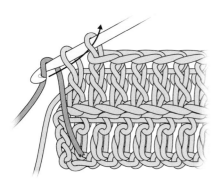

## REMATAR

Cuando llegue al final de la labor, corte el hilo dejando una cola de al menos 15 cm para luego entretejerla. Haga pasar el extremo cortado por el último punto que le quede en la aguja para que no se le deshaga la labor. Si hay extremos sueltos de hilo que no haya podido remeter como se ha descrito en la sección anterior, utilice una aguja de tapicería para entretejerlos por la parte de atrás de la labor. Entretéjalos en 3-4 puntos y en 3-4 direcciones distintas para que no se salgan más adelante.

## LAVAR Y ESTIRAR

Consulte siempre la faja de los ovillos para saber cómo debe lavar la prenda. En muchas fajas se indicará que las prendas solo deben lavarse a mano. Sin embargo, si su lavadora tiene un ciclo de lavado de lana, no debería tener problemas con la mayoría de las prendas hechas a mano. ¡Pruebe primero con la muestra que hizo cuando verificó la tensión!

Cuando trabaje con lanas que tengan un contenido alto de fibras naturales, podrá estirar la prenda, lo que ayudará a que el hilo adopte bien la forma de la hechura. Hay muchas técnicas distintas para estirar las prendas. Se puede usar el vapor de la plancha en un ajuste alto. Debe ejercerse una presión suave para no aplastar los puntos.

El método que yo empleo es el de aplicar humedad. Aunque el secado puede llevar más tiempo, los resultados son más consistentes.

1.  Humedezca la prenda con agua templada y un poco de detergente para lana.

2.  Agite suavemente la prenda (si lo hace demasiado, se apelmazará).

3.  Aclare la prenda con agua fría y escúrrala con suavidad.

4.  Coloque la prenda estirada sobre una toalla y enróllela para escurrirla más.

5.  Coloque la prenda sobre una superficie plana. Puede ser conveniente sujetar los bordes con alfileres para que conserve la forma.

6.  Déjela secar por completo.

## COSER

### Costuras con punto raso

Si se usa punto raso para unir distintas partes de una prenda, se crea una costura muy robusta. Alinee los puntos de las 2 piezas que vaya a unir e introduzca la aguja a través de los 4 puntos de las 2 piezas. Enrolle el hilo alrededor de la aguja y luego hágalo pasar a través de las 2 piezas y del punto que tiene en la aguja. Repita lo mismo hasta el final de la costura.

## BORDAR

Para algunos patrones del libro se necesita bordar y coser a mano un poco.

## Punto corrido (ganchillo de superficie)

Trabajando por la parte exterior de la labor, introduzca la aguja en el espacio del punto desde donde quiera trabajar. Saque la aguja por un espacio adyacente, en la dirección en la que desee trabajar. Enrolle el hilo alrededor de la aguja y hágalo pasar. Introduzca la aguja en el siguiente espacio del punto desde donde quiera trabajar. Saque la aguja por un espacio adyacente, en la dirección en la que desee trabajar. Enrolle el hilo alrededor de la aguja y hágalo pasar por el punto de la labor y por el que tiene en la aguja. Repita las veces que sea necesario.

## Punto de bastilla

Enhebre una aguja de coser y trabaje por el tejido de ganchillo dejando espacios uniformes entre las puntadas.

## Punto atrás

Es similar al punto de bastilla, pero una parte de las puntadas se realizan hacia atrás. Meta la aguja por el tejido y luego hacia el lado del revés, detrás del lugar por donde sacó el hilo. La aguja se lleva por debajo del tejido hasta el lugar de la nueva puntada y se saca hacia arriba; luego se lleva hacia atrás, hasta el lugar donde se sacó hacia arriba el hilo en la última puntada.

## LEER LOS PATRONES

Es como leer un código. Al principio puede resultar difícil, pues los patrones se escriben utilizando abreviaturas estándar para los puntos y las instrucciones. Pero, en cuanto se conoce el código, ¡es coser y cantar!

| Punto o instrucción | Abreviatura |
|---|---|
| Aumentar | aum |
| Cadeneta | c |
| Cadeneta de vuelta | cvlt |
| Cadeneta inicial | cini |
| Disminuir | dism |
| Espacio de cadeneta | espc |
| Hacer 2 puntos juntos | x2j |
| Lado derecho | LD |
| Lado revés | LR |
| Medio punto alto | mpa |
| Pasar (enrollar) el hilo alrededor de la aguja | pha |
| Punto alto | pa |
| Punto alto doble | pad |
| Punto alto triple | patr |
| Punto bajo | pb |
| Punto base | pxbase |
| Punto en relieve por delante | PxRpdl |
| Punto en relieve por detrás | PxRpdtr |
| Punto raso | pra |
| Puntos | pts |
| Solo punto delantero | SPD |
| Solo punto trasero | SPT |
| Vueltas | vlts |

## Fundamentos de un patrón

Ejemplo: Vueltas 2 (4, 6) - 7 (9, 11, —):
1c, [2pb en pb, 2pb] 3 veces, 2 (3, 4, —)
pb, ★2pb en pb; repita desde ★ hasta el final.
Una y dé la vuelta. 20 (21, 22, —) pb.

• Los números entre paréntesis hacen referencia a las instrucciones para las distintas tallas desde la más pequeña hasta la mayor, de izquierda a derecha. Pueden ser números de vueltas, recuentos de puntos o repeticiones.

• Cuando aparece el símbolo — en lugar de una instrucción para una talla en concreto, significa que para esa talla no se tiene que realizar esa parte de las instrucciones.

• La instrucción «2pb en pb, 2pb» significa que hay que hacer 2 puntos bajos en el siguiente punto bajo, y que los siguientes 2 puntos deberán ser puntos bajos.

• Las instrucciones entre corchetes deben repetirse el número de veces que se indique a continuación del corchete de cierre. Puede haber variaciones en función de la talla, en cuyo caso deberá seguirse el número que aparezca entre los paréntesis.

• Cuando las instrucciones van precedidas del símbolo ★, hay que repetir esa secuencia de puntos el número de veces que se indique hasta el final de la vuelta.

• «Unir» significa unir la vuelta haciendo un punto raso en el primer punto de la vuelta, a menos que se indique otra cosa.

• «Dar la vuelta» significa empezar a trabajar por el lado contrario.

• Los números del final son los puntos que deberá tener al terminar la vuelta.

# CABEZA Y HOMBROS

# BELLOTA

Me he inspirado en la recolección de bellotas de roble que hacíamos cuando yo era niña. Aunque este gorro de densa textura parece complicado, en realidad es una labor sencilla en la que se combinan unos pocos puntos básicos con un patrón en zigzag.

*nivel intermedio*

| Tamaño | Bebé | 1–3 años | 4 años o + |
|---|---|---|---|
| Circunferencia acabada | 31 cm | 38 cm | 46 cm |
| Altura acabada | 14 cm | 17 cm | 19 cm |
| Cantidad de hilo | 60 m | 90 m | 120 m |

## MATERIALES:
- 1 madeja de 100 g de Cascade 200 (100% de lana), 201 m, marrón (Vandyke Brown, 7822)
- Aguja de 5 mm de calibre
- Aguja de tapicería

## COMENTARIOS SOBRE EL HILO:
No es fácil encontrar una gama de hilo con las opciones de color que ofrece Cascade 220. La definición de punto que se consigue con este hilo, de grosor medio (estambre), y lo bien que se adapta a las prendas de vestir hacen de él una opción excelente para la ropa exterior.

## ALTERNATIVAS DE HILO:
Malabrigo Worsted
Quince and Co. Lark

## TENSIÓN:
Haga una muestra de punto alto de 10 cm$^2$ con 8 vueltas de 15 pts usando una aguja de 5 mm de calibre, o del tamaño necesario para obtener la tensión que se indica.

## PATRONES DE PUNTO ESPECIALES:
**Punto hinchado (PH)**
[PHA, introduzca la aguja en el punto y haga un punto] 2 veces (5 puntos en la aguja). PHA y haga pasar el hilo por 4 de los puntos que tiene en la aguja. PHA y haga pasar el hilo por los 2 últimos puntos que tiene en la aguja.

*Notas sobre el patrón: Se trata de un diseño muy elástico;
cada talla sirve para una amplia variedad de tamaños
de cabeza.
No dé la vuelta a la labor al final de cada vuelta.*

INSTRUCCIONES:

Haga 4c. Una la vuelta.

**Vuelta 1:** 4c (cuenta como 1pa y 1c), 2pa, [1pa, c, 2pa] 4 veces. Una en la 3.ª c (15) pts.

**Vuelta 2:** (desde la vuelta 3 en adelante, las 2c del principio de las vueltas no cuentan como un pt) 2c, ★(PH, 1c, PH) en el espc, sáltese 1pa, 3pa en pa, sáltese 1pa; repita desde ★ hasta el final. Una en el primer espc (25) pts.

**Vuelta 3:** 2c, ★(PH, 1c, PH) en el espc, 1PaRpdl en pa, 3pa en el siguiente pa, 1PaRpdl en el siguiente pa; repita desde ★ hasta el final. Una en el primer espc. (35) pts.

**SOLAMENTE para las tallas de 1-3 años y de 4 años o +**

**Vuelta 4:** 2c, ★(PH, 1c, PH) en el espc, 1PaRpdl en los siguientes 2pts, 3pa en el siguiente pa, 1PaRpdl en los siguientes 2 pts; repita desde ★ hasta el final. Una en el primer espc — (45, 45) pts.

**SOLAMENTE para la talla de 4 años o +**

**Vuelta 5:** 2c, ★(PH, 1c, PH) en el espc, 1PaRpdl en los siguientes 3 pts; 3pa en el siguiente pa, 1PaRpdl en los siguientes 3 pts; repita desde ★ hasta el final. Una en el primer espc — (—, 55) pts.

**Para TODAS las tallas**

**Vuelta 4 (5, 6) – 9 (12, 15):** 2c, ★(PH, 1c, PH) en el espc; sáltese 1PaRpdl, 1PaRpdl en los siguientes 1 (2, 3) pts, 3pa en el siguiente pa, 1PaRpdl en los siguientes 1 (2, 3) pts, sáltese 1PaRpdl; repita desde ★ hasta el final. Una en el primer espc. 35 (45, 45) pts.

**SOLAMENTE para la talla de bebé**

**Vuelta 10:** ★(PH, 1c, PH) en el espc, 1PaRpdl, 3PaRpdl, 1PaRpdl; repita desde ★ hasta el final. Una la vuelta. Corte el hilo y entreteja los extremos sueltos. (35) pts.

**SOLAMENTE para la talla de 1-3 años**

**Vuelta 13:** ★(PH, 1c, PH) en el espc, 1PaRpdl, 1PaRpdl, 3PaRpdl, 1PaRpdl, 1PaRpdl; repita desde ★ hasta el final. Una la vuelta. Corte el hilo y entreteja los extremos sueltos. (45) pts.

**SOLAMENTE para la talla de 4 años o +**

**Vuelta 16:** ★(PH, 1c, PH) en el espc, 2PaRpdl, 1PaRpdl, 3PaRpdl, 1PaRpdl, 2PaRpdl; repita desde ★ hasta el final. Una la vuelta. Corte el hilo y entreteja los extremos sueltos. (55) pts.

**Tallo (todas las tallas)**

Haga 2c, 3pa en un aro deslizado. (4).

**Vueltas 1-4:** (se trabaja en espiral) 4pb. (4). Remate y deje una cola de hilo de 30 cm. Con la cola de hilo, cosa el tallo a la parte superior del gorro.

# CORONA

Un accesorio rápido y fácil de hacer para su pequeña realeza.

*nivel de principiante*

| Tamaño | Recién nacido | Bebé | 1-3 años | 4 años o + |
|---|---|---|---|---|
| Circunferencia | 30,5 cm | 35,5 cm | 43 cm | 48 cm |
| Cantidad de hilo | 19 m | 26 m | 36,5 m | 45,5 m |

## MATERIALES:
- 1 madeja de 25 g de Sublime Lustrous Extra Fine Merino 200 (67 % de lana fina de merino extra, 33 % de nailon), 95 m, gris (Flinty, 259)
- En una de las ilustraciones también aparece representado el hilo de 1 madeja de 25 g de Sublime Lustrous Extra Fine Merino 200 (67 % de lana fina de merino extra, 33 % de nailon), 95 m, beis (Truffle, 289)
- Aguja de 3,75 mm de calibre
- Aguja de tapicería

## COMENTARIOS SOBRE EL HILO:
Suave y opulenta, esta lana DK no solo queda muy bonita en la prenda, sino que también hará que su pequeño se sienta como un miembro de la realeza.

## ALTERNATIVAS DE HILO:
James C Brett Twinkle DK

## TENSIÓN:
Haga una muestra de 10 cm² con 12 vueltas de 21 pts usando una aguja de 3,75 mm de calibre, o del tamaño necesario para obtener la tensión que se indica.

## NOTAS SOBRE EL PATRÓN:
- Este patrón puede adaptarse fácilmente a un tamaño mayor o menor modificando el número de cadenetas por múltiplos de 8.
- No cuente la primera c del principio de la vuelta como un punto.
- No dé la vuelta a la labor al final de cada vuelta.

## INSTRUCCIONES:

Haga 64 (72, 88, 96) cadenetas. Una la vuelta.

**Vueltas 1-4 (5, 6, 7):** 1c, 64 (72, 88, 96) pb.
Una la vuelta. 64 (72, 88, 96) pb.

**Vuelta 5 (6, 7, 8):** (3c —cuentan como
1pa—, 3pa, 2c, 4 pa) en pb, sáltese 3,
1pb, sáltese 3 ★(4pa, 2c, 4pa) en pb,
sáltese 3, 1pb, sáltese 3; repita desde ★
hasta el final. Una la vuelta. 8 (9, 11, 12)
racimos de puntos altos.

Corte el hilo y entreteja los extremos
sueltos.

# GORRA PLANA

Perfecta para pasear por el campo o jugar en el parque.

| Tamaño | Recién nacido | Bebé | 1-3 años | 4 años o + |
|---|---|---|---|---|
| Circunferencia | 35 cm | 39 cm | 42 cm | 47 cm |
| Longitud | 18 cm | 19 cm | 20 cm | 22,5 cm |
| Cantidad de hilo | 47 m | 54 m | 70,5 m | 81,5 m |

## MATERIALES:

- 1 madeja de 50 g de Debbie Bliss Donegal Luxury Tweed Aran (90% de lana, 10% de angora), 88 m, chocolate (360014)
- Aguja de 5 mm de calibre
- Aguja de 4 mm de calibre
- Aguja de tapicería
- 32 (36, 39, 44) cm de cordón elástico fino atado o cosido por los extremos

## COMENTARIOS SOBRE EL HILO:

El toque de la angora en este *tweed* da lugar a una lana muy suave y confortable.

## ALTERNATIVAS DE HILO:

Rowan Felted Tweed Aran
Patons Soft Tweed Aran

## TENSIÓN:

Haga una muestra de 10 cm² con 10 vueltas de 14 pts usando una aguja de 5 mm, o del tamaño necesario para obtener la tensión indicada.

## PATRÓN:

**Vuelta 1:** 1c (no cuenta como un punto), pb hasta el final.
**Vuelta 2:** 3c (cuentan como 1pa), pa hasta el final.

Alinee el borde de trabajo de la visera con los puntos no trabajados de la parte frontal de la gorra, boca abajo, y juntándolos por el lado del derecho. Coloque el cordón elástico sobre la labor y trabaje alrededor de él uniendo el ala a la parte inferior de la gorra con pra. Así sujetará bien las piezas de la gorra.

## NOTAS SOBRE EL PATRÓN:

- El método de confección de esta gorra es algo inusual. Se comienza a hacer por la parte frontal sin dar la vuelta a la labor. Luego se hacen solo la mitad de los puntos y se da la vuelta a la labor, hasta la parte de atrás de la

cabeza. Cuando el resto de la gorra esté completo, se añadirá la visera.

• Las 3c del principio de las vueltas de pa se cuentan como un punto.

• No cuente la cadeneta del principio de las vueltas como un punto.

## Parte frontal

Con la aguja más grande, haga 11 (11, 13, 15) c.

**Vuelta 1:** comenzando en la 2.ª c desde la aguja, 2pb en la misma c, 8 (8, 10, 12) pb, 4 pb en la misma c, 8 (8, 10, 12) pb, 4pb en el mismo punto, dé la vuelta para trabajar por el otro lado de la cadeneta, 8 (8, 10, 12) pb, 2pb en el primer punto (este punto ya tiene 2pb en él). Una en el primer pb. 24 (24, 28, 32) pb.

**Vuelta 2:** 3c, 2pa en el siguiente punto, 8 (8, 10, 12) pa, 2pa en el siguiente punto, 2pa, 2pa en el siguiente punto, 8 (8, 10, 12) pa, 2pa en el siguiente punto, 1pa. Una la vuelta. 28 (28, 32, 36) pa.

**Vuelta 3:** 1c, 2pb en el punto de la vuelta anterior, 2pb en el siguiente punto, 8 (8, 10, 12) pb, 2pb en el siguiente punto, 4pb, 2pb en el siguiente punto, 8 (8, 10, 12) pb, 2pb en el siguiente punto, 2pb. Una la vuelta. 32 (32, 36, 40) pb.

Para recién nacidos y bebés, vaya ahora a la sección «Parte superior».

## Para las tallas de 1-3 años y de 4 años o +

**Vuelta 4:** 3c, 2pa, 2pa en el siguiente punto, — (—, 10, 12) pa, 2pa en el siguiente punto, 6pa, 2pa en el siguiente punto, — (—, 10, 12) pa, 2pa en el siguiente punto, 3pa. Una la vuelta. —, (—, 40, 44) pa.

**Vuelta 5:** 1c, 4pb, 2pb en el siguiente punto, — (—, 10, 12) pb, 2pb en el siguiente punto,

8pb, 2pb en el siguiente punto, — (—, 10, 12) pb, 2pb en el siguiente punto, 4pb. Una la vuelta. —, (—, 44, 48) pb.

## Parte superior
### Para TODAS las tallas

Esta sección dobla el tamaño de la parte frontal de la gorra y llega hasta la parte posterior.

**Vuelta 1 (LD):** 3c, 15 (15, 21, 23) pa. Dé la vuelta. 16 (16, 22, 24) pa.

**Vuelta 2:** 1c, 1pb, 2pb en el siguiente punto, pb hasta 2 pts del final, 2pb en el siguiente punto, 1pb. Dé la vuelta. 18 (18, 24, 26) pb.

**Vuelta 3:** 3c, 2pa en el siguiente punto, pa hasta 2 puntos del final, 2pa en el siguiente punto, 1pa. Dé la vuelta. 20 (20, 26, 28) pa.

**Vueltas 4-9 (11, 11, 13):** repita las vueltas 2–3. Dé la vuelta. 32 (38, 42, 48) pa.

**Vuelta 10 (12, 12, 14):** 1c, pb2j hasta el final. Dé la vuelta. 16 (19, 21, 24) pb.

**Vuelta 11 (13, 13, 15):** 3c, 15 (18, 20, 23) pa. Dé la vuelta. 16 (19, 21, 24) pa.

**Vuelta 12 (14, 14, 16):** 1c, — (1, 1, —) pb, pb2j hasta el final. Dé la vuelta. 8 (10, 11, 12) pb.

**Vuelta 13 (15, 15, 17):** 3c, 7 (9, 10, 11) pa. Dé la vuelta. 8 (10, 11, 12) pa.

Doble la última vuelta por la mitad, juntando por los lados del derecho y alineando los puntos. Pra por los 4 puntos. Corte el hilo y entreteja los hilos sueltos.

## Visera

Con la aguja más pequeña, haga 11 (11, 13, 15) c.

**Vuelta 1:** comenzando en la 2.ª cadeneta desde la aguja, 10 (10, 12, 14) pb. Dé la vuelta. 10 (10, 12, 14) pb.

**Vueltas 2-4 (4, 6, 6):** 1c, 1pb, 2pb en el siguiente punto, pb hasta 2 puntos del final,

2pb en el siguiente punto, 1pb. Dé la vuelta.

**Vueltas 5 (5, 7, 7) – 6 (6, 8, 8):** 1c, 16 (16, 22, 24) pb. Dé la vuelta. 16 (16, 22, 24) pb.

Alinee el borde de trabajo de la visera con los puntos no trabajados de la parte frontal de la gorra, boca abajo y juntándolos por el lado del derecho. Una con pra la visera a la parte inferior de la gorra.

## Borde

**Vuelta 1:** continuando con la aguja más pequeña y bordeando el elástico, 26 (30, 30, 34) mpa alrededor del borde inferior de la gorra y de la visera, 1pb en cada segunda vuelta por un lado de la visera, 10 (10, 12, 14) pb por su parte delantera, 1pb en cada segunda vuelta por el otro lado de la visera. No dé la vuelta a la labor ni una las vueltas. 26 (30, 30, 34) mpa y 16 (16, 20, 22) pb.

**Vuelta 2:** 6 (7, 7, 8) mpa, mpa2j, 3 (4, 4, 5) mpa, mpa3j, 3 (4, 4, 5) mpa, mpa2j, 6 (7, 7, 8) mpa. No trabaje por la zona de la visera. Corte el hilo y entreteja los extremos sueltos. 22 (26, 26, 30) mpa.

# GORRO CON FLORES Y CAPULLOS

Los racimos pequeños de punto hinchado siempre han sido mi diseño favorito de ganchillo. Me recuerdan a los capullos primaverales a punto de abrirse.

*nivel de principiante*

| Tamaño | Recién nacido | Bebé | 1-3 años | 4 años o + |
|---|---|---|---|---|
| Circunferencia | 30,5 cm | 35,5 cm | 43 cm | 48 cm |
| Longitud | 11,5 cm | 13 cm | 16 cm | 19 cm |
| Cantidad de hilo | 45 m | 59 m | 87 m | 115 m |

## MATERIALES:
- Color principal (CP): 1 madeja de 50 g de Sirdar Simply reciclado DK (51 % de algodón reciclado, 49 % de acrílico), 130 m, gris (0018)
- Color de contraste (CC): 1 madeja de Sirdar Simply reciclado DK (51 % de algodón reciclado, 49 % de acrílico), 130 m, mostaza (0019)
- Aguja de 3,75 mm
- Aguja de tapicería

## COMENTARIOS SOBRE EL HILO:
El algodón reciclado de este hilo DK es agradable y suave, perfecto para un gorro primaveral.

## ALTERNATIVAS DE HILO:
Algodón Rowan Hand Knit DK
Algodón Wendy Supreme DK

## TENSIÓN:
Haga una muestra de 10 cm² con 5 repeticiones de patrón de 7 vueltas usando una aguja de 3,75 mm de calibre, o del tamaño necesario para obtener la tensión que se indica.

## PATRONES DE PUNTO ESPECIALES:
### Punto hinchado (PH)
[PHA, introduzca la aguja en el punto y haga un punto] 3 veces (7 puntos en la aguja). PHA y haga pasar el hilo por 6 puntos de los que tiene en la aguja. PHA y haga pasar el hilo por los 2 últimos puntos que le quedan en la aguja.

*Notas sobre el patrón: No cuente las 2c del principio de la vuelta como un punto. No dé la vuelta a la labor al final de las vueltas.*

**PATRÓN:**

[PH, 2c, PH] en los 2espc entre el racimo de PH de la vuelta anterior.

**INSTRUCCIONES:**

Con el CP, 2c, [PH, 2c] 6 veces en un aro deslizado. Una la vuelta. (6).

**Vuelta 1:** 2c, [(PH, 2c, PH) en 2espc] 3 veces. Una la vuelta. (15) PH.

**Vuelta 2:** 2c, [(PH, 2c, PH, 2c, PH) en 2espc, (PH, 2c, PH) en 2espc 2 veces] 3 veces. Una la vuelta. (21) PH.

**Vuelta 3:** [(PH, 2c, PH) en 2espc 3 veces, (PH, 2c, PH, 2c, PH) en 2espc] 3 veces. Una la vuelta. (27) PH.

Para la talla de recién nacido, haga ahora la vuelta 7.

**SOLAMENTE para las tallas de bebé, niños de 1-3 años y de 4 años o +**

**Vuelta 4:** 2c, [(PH, 2c, PH, 2c, PH) en los siguientes 2espc, (PH, 2c, PH) en 2espc 4 veces] 3 veces. — (33, 33, 33) PH.

Para la talla de bebé, haga ahora la vuelta 7.

**SOLAMENTE para las tallas de niños de 1-3 años y de 4 años o +**

**Vuelta 5:** [(PH, 2c, PH) en 2espc 5 veces, (PH, 2c, PH, 2c, PH) en 2espc] 3 veces. Una la vuelta. — (—, 39, 39) PH.

Para la talla de niños de 1-3 años, haga ahora la vuelta 7.

**SOLAMENTE para la talla de niños de 4 años o +**

**Vuelta 6:** 2c, [(PH, 2c, PH, 2c, PH) en 2espc, (PH, 2c, PH) en 2espc 6 veces] 3 veces. — (—, —, 45) PH.

**Para TODAS las tallas**

**Vuelta 7:** (para recién nacidos y bebés, haga esta vuelta en CC; para niños de 1-3 años y de 4 años o +, en CP) 2c, (PH, 2c, PH) en todos los 2espc. 30 (36, 42, 48) PH.

**Vuelta 8:** (para recién nacidos y bebés, haga esta vuelta en CP; para niños de 1-3 años y de 4 años o +, en CC) 2c, (PH, 2c, PH) en todos los 2espc. 30 (36, 42, 48) PH.

**Vuelta 9:** repita la vuelta 7.

**Vuelta 10:** repita la vuelta 8.

Para recién nacidos y bebés, haga ahora el borde.

**SOLAMENTE para las tallas de niños de 1-3 años y niños de 4 años o +**

**Vuelta 11:** repita la vuelta 7.

Para niños de 1-3 años, haga ahora el borde.

**SOLAMENTE para la talla de niños de 4 años o +**

**Vuelta 12:** repita la vuelta 7.

**Borde**
**Para TODAS las tallas**

**Vuelta 1:** con el CP, 1c, ★1pb, 1c, 1pb en 2espc, sáltese un punto; repita desde ★ hasta el final. (No una la vuelta. Debe trabajar en espiral. Utilice un marcador de puntos para indicar el comienzo de la vuelta). 30 (36, 42, 48).

**Vueltas 2–3 (3, 5, 5):** ★1pb en el siguiente espc, 1c; repita desde ★ hasta el final. 30 (36, 42, 48).

Corte el hilo y entreteja los extremos sueltos.

**Flor (haga 2)**

**Vuelta 1:** con el CP, 2c, 4pb en un aro deslizado. Una la vuelta. (4) pb.

**Vuelta 2:** [(3c, PH, 3c, pra) en pt] 5 veces. Debe hacer el último pétalo en el mismo pb que el primero. Corte el hilo y deje una cola de 20 cm para coser. Fíjese en la fotografía para coser las flores en el gorro. (5) pétalos.

# BUFANDA CON FLORES Y CAPULLOS

Esta labor es complementaria de la del gorro con flores y capullos.
Se hace con un diseño de punto granito y racimos de punto hinchado.

*nivel de principiante*

| Tamaño | Pequeño | Mediano | Grande |
|---|---|---|---|
| Circunferencia | 45,5 cm | 51 cm | 56 cm |
| Longitud | 12,7 cm | 12,7 cm | 16 cm |
| Cantidad de hilo | 52 m | 58 m | 80 m |

## MATERIALES:

- Color principal (CP): 1 madeja de 50 g de Sirdar Simply Recycled DK (51 % de algodón reciclado, 49 % de acrílico), 130 m, gris (0018)
- Color de contraste (CC): 1 madeja de Sirdar Simply Recycled DK (51 % de algodón reciclado, 49 % de acrílico), 130 m, mostaza (0019)
- Aguja de 3,75 mm
- Aguja de tapicería

## COMENTARIOS SOBRE EL HILO:

Este hilo de grosor DK es bastante ligero, ideal para los frescos días de primavera y otoño.

## ALTERNATIVAS DE HILO:

Algodón Rowan Hand Knit DK
Algodón Wendy Supreme DK

## TENSIÓN:

Haga una muestra de 10 cm$^2$ con 5 repeticiones del patrón de 7 vueltas usando una aguja de 3,75 mm de calibre, o del tamaño necesario para obtener la tensión que se indica.

## PATRONES DE PUNTO ESPECIALES:

**Punto hinchado (PH)**

[PHA, introduzca la aguja en el punto y haga un punto] 3 veces (7 puntos en la aguja). PHA y haga pasar el hilo por 6 de los puntos que tiene en la aguja. PHA y haga pasar el hilo por los 2 últimos puntos que le quedan en la aguja.

## PATRÓN:

[PH, 2c, PH] en 2espc entre el racimo de PH de la vuelta anterior.

*Notas sobre el patrón:* Este pequeño diseño se puede hacer con muchas variaciones distintas, e incluso es posible adaptar el tamaño sencillamente encadenando múltiplos de 8 y añadiendo o restando repeticiones al patrón.

No cuente las cadenetas del principio de la vuelta como puntos.

No dé la vuelta a la labor al final de cada vuelta.

INSTRUCCIONES:

Con el CP, haga 72 (80, 88) c. Una para trabajar en redondo.

**Vuelta 1:** 1c, ★1pb, 1c, sáltese 1c; repita desde ★ hasta el final. Una la vuelta. 36 (40, 44) pb.

**Vuelta 2:** 1c, ★1pb en el espc, 1c, sáltese el siguiente punto; repita desde ★ hasta el final. Una la vuelta. 36 (40, 44) pb.

**Vuelta 3:** 3c, ★sáltese [1pb, 1c, 1pb], [PH, 2c, PH] en el espc; repita desde ★ hasta el final. Una la vuelta. 36 (40, 44) pb.

**Vuelta 4:** 1c, ★1pb, 1c, 1pb en 2espc, sáltese 1; repita desde ★ hasta el final. Una la vuelta. 36 (40, 44) pb.

**Vuelta 5:** 1c, ★1pb en el espc, 1c, sáltese 1; repita desde ★ hasta el final. Una la vuelta. 36 (40, 44) pb.

Haga las vueltas 2–5 4 (4, 5) veces.

Haga la vuelta 5 una última vez. Corte el hilo y entreteja los extremos sueltos.

# ESTOLA DE ZORRO

Cuando me vine a vivir al Reino Unido, descubrí con asombro que los zorros no son solo adorables criaturas salvajes que viven en los bosques, sino también plagas urbanas. A pesar de ello, estos animales me encantan.

*nivel intermedio*

| Tamaño | Pequeño | Mediano | Grande |
|---|---|---|---|
| Longitud | 97 cm | 103 cm | 111 cm |
| Cantidad de hilo | 163 m | 167,5 m | 173,5 m |

## MATERIALES:

- Color principal (CP): 2 madejas de 50 g de Adriafil Regina (100% de lana), 125 m, rojo óxido (Rust, 049)
- Blanco: 1 madeja de 50 g de Adriafil Regina (100% de lana), 125 m, blanco (01)
- Negro: 1 madeja de 50 g de Adriafil Regina (100% de lana), 125 m, negro (02)
- Solo necesitará cantidades muy pequeñas del blanco y el negro, así que puede convenirle utilizar hilo que ya tenga en casa.
- Aguja de 5 mm de calibre
- 2 botones (de 1 cm de diámetro)
- Aguja de tapicería

## COMENTARIOS SOBRE EL HILO:

Con una amplia variedad de colores y un precio muy asequible, esta lana DK superlavado es perfecta para crear prendas estilosas que abriguen a los peques todo el invierno.

## ALTERNATIVA DE HILO:

King Cole Merino Blend DK

## TENSIÓN:

Haga una muestra de punto alto de 10 cm$^2$ con 10 vueltas de 6,5 pts y usando una aguja de 5 mm de calibre, o del tamaño necesario para obtener la tensión que se indica.

## PUNTOS ESPECIALES:

**Punto de coral**

[pb, mpa, pa] en el mismo punto, sáltese 2.

## NOTAS SOBRE EL PATRÓN:

El tallaje de esta bufanda se puede ampliar haciendo más larga la parte roja, por lo que resulta fácil adaptar la prenda para adultos.

## INSTRUCCIONES:

### Cara del zorro

Comenzando con el CP, 2c (no cuentan como punto), 8mpa en un aro deslizado. Una la vuelta. (8) mpa.

**Vuelta 1:** 2c, 2mpa alrededor de cada puntada. Una la vuelta. (16) mpa.

**Vuelta 2:** 2c, [1mpa, 2mpa en el siguiente punto] 8 veces. Una la vuelta. (24) mpa.

**Vuelta 3:** 2c, [2mpa, 2mpa en el siguiente punto] 8 veces. Una la vuelta. (32) mpa.

**Vuelta 4:** 2c, [3mpa, 2mpa en el siguiente punto] 7 veces, 4mpa, 4pbpdl, 1c, trabajando por el otro lado de pbpdl, 2pb en el primer punto, 3pb, 1mpa en el mismo punto donde se hizo el último mpa. Una la vuelta. No dé la vuelta a la labor. (49) pts.

**Vuelta 5:** 1c, [4pb, 2pb en el siguiente punto] 2 veces, 5pb, 2pbpdl, 2c, trabajando por el otro lado de pbpdl, 2pb, 1pb en el mismo pb desde donde empezó pbpdl, 4pb, 2pb en el siguiente punto, 5pb, 2pbpdl, 2c, trabajando por el otro lado de pbpdl, 2pb, 1pb en el mismo pb desde donde empezó el pbpdl, [4pb, 2pb en el siguiente punto] 2 veces, 7pb, 2pb en el siguiente punto, 3c, 2pb en el siguiente punto, 5pb. Una la vuelta. No dé la vuelta a la labor. (66) pts.

**Vuelta 6:** 1c, [5pb, 2pb en el siguiente punto] 2 veces, 7pb, [1pb, 3c, 1pb] en 2espc, 8pb, 2pb en el siguiente punto, 7pb, [1pb, 3c, 1pb] en 2espc, 8pb, 2pb en el siguiente punto, 5pb, 2pb en el siguiente punto, 8pb, cambie a negro; llevando el CP hacia atrás mientras trabaja, 2pb en el siguiente punto, [2pb, 2c, 2pb] en 2espc, 2pb en el siguiente punto. Corte el hilo negro dejando una cola de 15 cm. Cambie por el CP,

6pb. No una la vuelta. No dé la vuelta a la labor. (81) pts.

**Vuelta 7:** (lleve siempre el CP debajo de los otros colores mientras trabaja y corte solo el CC donde se indica). Continuando con el CP, 1pb, cambie por blanco, [1pb, (1mpa, 1tr, 1mpa) en el siguiente punto] 5 veces, 1pb. Corte el hilo blanco, cambie por el CP, 7pb, cambie por negro, 2mpa, 1pb, (2pb, 2c, 2pb) en 3espc, 1pb, 2mpa. Corte el hilo negro, cambie por el CP, 13pb. Cambie por negro, 2mpa, 1pb, (2pb, 2c, 2pb) en 3espc, 1pb, 2mpa. Corte el hilo negro, cambie por el CP, 7pb. Cambie por blanco, [1pb, (1mpa, 1pa, 1mpa) en siguiente punto] 5 veces, 1pb. Corte el hilo blanco, cambie por el CP, 1pb. Corte el hilo y entreteja los extremos sueltos. (91) pts.

### Cuerpo

Con el CP, haga 18c.

**Vuelta 1:** comenzando en la 3.ª c desde la aguja (el punto cuenta como 1mpa), [(1pb, 1mpa, 1pa) en el siguiente punto, sáltese 2] 5 veces, 1mpa. (17) pts.

**Vueltas 2–76 (82, 90):** 2c (cuentan como mpa), [(1pb, 1mpa, 1pa) en pa, sáltese 2] 5 veces, 1mpa en el pt. (17) pts. Lleve el CP por debajo del blanco, deje el blanco cuando no lo utilice.

**Vueltas 77 (83, 91) – 78 (84, 92):** con el CP, 2c (cuentan como mpa), [(1pb, 1mpa, 1pa) en pa, sáltese 2] 2 veces. Cambie por blanco, (1pb, 1mpa, 1pa) en pa, sáltese 2. Deje el blanco, cambie por el CP, [(1pb, 1mpa, 1pa) en pa, sáltese 2] 2 veces, 1mpa.

**Vueltas 79 (85, 93) – 80 (86, 94):** con el CP, 2c, (1pb, 1mpa, 1pa) en pa, sáltese 2. Cambie por blanco, [(1pb, 1mpa, 1pa) en pa, sáltese 2] 3 veces. Deje el blanco, cambie

por el CP, (1pb, 1mpa, 1pa) en pa, sáltese 2, 1mpa. Deje el CP.

**Vueltas 81 (87, 95) – 88 (94, 102):** con blanco, 2c, [(1pb, 1mpa, 1pa) en pa, sáltese 2] 5 veces, 1mpa. Dé la vuelta.

**Vuelta 89 (95, 103):** 3pra, [(1pb, 1mpa, 1pa) en pa, sáltese 2] 3 veces, 1pra. Dé la vuelta. (12) pts.

**Vueltas 90 (96, 104) – 92 (98, 106):** [(1pb, 1mpa, 1pa) en pa, sáltese 2] 3 veces, 1pra. Dé la vuelta.

**Vuelta 93 (99, 107):** 4pra, (1pb, 1mpa, 1pa) en pa, sáltese 2, pra. Dé la vuelta. (3) pts.

**Vueltas 94 (100, 108) – 95 (101, 109):** (1pb, 1mpa, 1pa) en pa, sáltese 2, pra. Corte el hilo y entreteja los extremos sueltos.

### Patas traseras (haga 2)

Con hilo negro, haga 5c.

**Vuelta 1:** comenzando en la 2.ª cadeneta desde la aguja, 4pb. (4) pb.

**Vueltas 2–12:** 1c, 4pb. Dé la vuelta. (4) pb. Corte el hilo dejando una cola de 15 cm para coser.

### Patas delanteras (haga 2)

Usando el CP, haga 5c.

**Vuelta 1:** comenzando en la 2.ª cadeneta desde la aguja, 4pb. (4) pb.

**Vueltas 2–15:** 1c, 4pb. Dé la vuelta. (4) pb.

**Vueltas 16–19:** con negro, 1c, 4pb. Dé la vuelta. Corte el hilo dejando una cola de 15 cm para coser.

### Rematar

Use la cola de hilo que ha quedado al final de la nariz; doble la nariz por la mitad en sentido longitudinal. Dé una puntada pequeña donde el negro se encuentra

con el CP para mantener la nariz doblada por la mitad.

Utilice el CP para coser de modo que no se vea por la parte del derecho de la bufanda. Fíjese en la fotografía para colocar la cara del zorro sobre el borde recto de la bufanda. Alinee los lados de la bufanda con la parte superior de los bigotes blancos. La cara debe quedar bien centrada en la bufanda. Cosa la cara al cuerpo asegurándola bien y dé unas cuantas puntadas en la frente del zorro y en las orejas para asegurarlas.

Cosa las patas delanteras por la parte posterior de la cara, justo debajo de la línea de la bufanda. Deben estar en un ángulo de 45° respecto de la cabeza.
Cosa las patas traseras a unos 5 cm del comienzo del tramo blanco de la bufanda, también en un ángulo de 45° respecto del cuerpo.
Cosa los botones en el lugar de los ojos. Fíjese en la fotografía para saber dónde colocarlos.

# CAPA DE HOJAS

Perfecta para pasear por el campo y buscar mariposas.

*nivel intermedio*

| Tamaño | 0-12 meses | 1 año | 2 años | 4 años | 6 años |
|---|---|---|---|---|---|
| Longitud final: borde inferior | 92 cm | 96,5 cm | 102 cm | 107 cm | 112 cm |
| Longitud final: del hombro al borde | 29 cm | 32 cm | 34 cm | 37 cm | 39,5 cm |
| Cantidad de hilo | 338 m | 402 m | 465 m | 549 m | 625 m |

## MATERIALES:

- 3 (3, 3, 4, 4) madejas de 100 g de Rowan Pure Wool Aran (100 % de lana superlavado), 186 m, verde (Forest, 676)
- Aguja de ganchillo de 5 mm
- 2 botones (de 1 cm de diámetro)
- Aguja de tapicería

## COMENTARIOS SOBRE EL HILO:

Esta agradable lana superlavado de grosor *aran* es incluso más suave y cómoda después de estirarla.

## ALTERNATIVAS DE HILO:

Debbie Bliss Donegal Luxury Tweed Aran

Sublime Cashmere Merino Silk Aran

## TENSIÓN:

Haga una muestra de punto de escapulario (*véase* la sección «Puntos especiales») de 10 cm$^2$ con 8 vueltas de 12 pts usando una aguja de 5 mm de calibre, o del tamaño necesario para obtener la tensión que se indica.

## PUNTOS ESPECIALES:

### Hoja

4c, pa3j en la base de la cadeneta.

### 3 puntos altos juntos (pa3j)

[PHA, introduzca la aguja en el punto, PHA, haga pasar el hilo por el punto (3 puntos en la aguja), PHA, haga pasar el hilo por 2 puntos] en 3 puntos. PHA y haga pasar el hilo por 3 puntos. PHA, haga pasar el hilo por los 2 puntos restantes.

### Punto alto de escapulario (PaEscap)

PHA, introduzca la aguja en el punto, PHA, haga pasar el hilo por el punto ya hecho y por el primer punto de la aguja, PHA, haga pasar el hilo por un punto, PHA, haga pasar el hilo por los 2 puntos restantes.

## Disminución con punto de escapulario (PaEscap2j)

PHA, introduzca la aguja en el punto, PHA, haga pasar el hilo por el punto ya hecho y por el primer punto de la aguja, introduzca la aguja en el siguiente punto, PHA, haga pasar el hilo por el punto ya hecho y por el primer punto de la aguja, PHA, haga pasar el hilo por 2 puntos, PHA, haga pasar el hilo por los 2 puntos restantes.

## Punto de cangrejo (pcang)

(También se conoce con el nombre de pb inverso). Se trabaja en la dirección opuesta a la del pb normal (de izquierda a derecha). Introduzca la aguja de delante hacia atrás en el siguiente punto de la derecha, PHA, haga pasar el hilo, PHA y haga pasar el hilo por los 2 puntos de la aguja.

## Notas sobre el patrón

- La capa se confecciona de abajo arriba. El borde de hojas es lo primero que se hace.
- Después se cogen puntos a lo largo del borde largo y se realiza una serie de disminuciones hasta el cuello, donde se forma la capucha.
- Cuente las cadenetas del principio de la vuelta como un punto.

## INSTRUCCIONES:

### Borde de hojas

Haga 10 c.

**Vuelta 1 (LR):** 1patr en la 5.ª c desde la aguja (la cadeneta cuenta como 1patr), haga 1 hoja, sáltese 4, 1pb, haga 1 hoja, sáltese 4, 2patr. (4patr, 1pb, 2 hojas).

**Vueltas 2–35 (37, 39, 41, 45):** 4c, 1patr, haga 1 hoja, sáltese la hoja, 1patr, haga 1 hoja, sáltese la hoja, 2patr. Dé la vuelta. (5patr, 2 hojas).

**Vuelta 36 (38, 40, 42, 46):** 1c (cuenta como 1pb), 1pb, 4c, sáltese la hoja, pb en patr entre 2 hojas, 4c, sáltese hoja, 2pb. Dé la vuelta. (5pb, 2 hojas).

Con el hilo aún unido, dé la vuelta a la labor con el LR mirando hacia usted de modo que pueda trabajar por el lado largo del borde de hojas.

## Parte principal de la capa

Haga 2c (cuentan como 1pb y 1c).

**Vuelta 1 (LR):** (esta vuelta se hace al final de cada vuelta del borde de hojas) [3pb, 1c] al final de cada vuelta 36 (38, 40, 42, 44) veces, 1pb en la primera c del borde de hojas. Dé la vuelta. 110 (116, 122, 128, 134) pb.

**Vueltas 1–5 (7, 9, 11, 13):** 3c, haga 1PaEscap en cada pb. Dé la vuelta. 110 (116, 122, 128, 134) PaEscap.

**Vuelta 6 (8, 10, 12, 14):** 3c, [4PaEscap, PaEscap2j] 18 (19, 20, 21, 22) veces, 1PaEscap. Dé la vuelta. 92 (97, 102, 107, 112) PaEscap.

**Vueltas 7 (9, 11, 13, 15) – 9 (11, 13, 15, 17):** 3c, 91 (96, 101, 106, 111) PaEscap. Dé la vuelta.

**Vuelta 10 (12, 14, 16, 18):** 3c, [3PaEscap, PaEscap2j] 18 (19, 20, 21, 22) veces, 1PaEscap. Dé la vuelta. 74 (78, 82, 86, 90) PaEscap.

**Vuelta 11 (13, 15, 17, 19):** 3c, 73 (77, 81, 85, 89) PaEscap. Dé la vuelta.

**Vuelta 12 (14, 16, 18, 20):** 3c, [2PaEscap, PaEscap2j] 18 (19, 20, 21, 22) veces, 1PaEscap. Dé la vuelta. 56 (59, 62, 65, 68) PaEscap.

**Vuelta 13 (15, 17, 19, 21):** 3c, 55 (58, 61, 64, 67) PaEscap. Dé la vuelta.

**Vuelta 14 (16, 18, 20, 22):** 3c, 2 (3, 0, 0, 2) PaEscap, [2 (2, 3, 3, 3) PaEscap, PaEscap2j] 12 veces, 5 (7, 1, 4, 5) PaEscap. Dé la vuelta. 44 (47, 50, 53, 56) PaEscap.

## Capucha

**Vuelta 1:** 9 (8, 9, 8, 9) pra, 3c, 25 (29, 31, 35, 37) PaEscap. Dé la vuelta. 26 (30, 32, 36, 38) PaEscap.

**Vueltas 2–6 (7, 8, 8, 9):** 3c, 25 (29, 31, 35, 37) PaEscap. Dé la vuelta.

**Vuelta 7 (8, 9, 9, 10):** 3c, 2PaEscap en el siguiente, ★1PaEscap, 2PaEscap en el siguiente; repita desde ★ hasta el final. 39 (45, 48, 54, 57) PaEscap.

**Vuelta 8 (9, 10, 10, 11):** 3c, PaEscap hasta el final. 39 (45, 48, 54, 57) PaEscap.

**Vuelta 9 (10, 11, 11, 12):** 3c, 0 (0, 0, 2, 3) PaEscap, [2PaEscap en el siguiente, 8 (20, 22, 7, 5) PaEscap] 4 (2, 2, 6, 8) veces, 2PaEscap en el siguiente, 1 (1, 0, 2, 4) PaEscap. Dé la vuelta. 44 (48, 51, 61, 66) PaEscap.

**Vueltas 10 (11, 12, 12, 13) – 15 (17, 18, 20, 21):** 3c, PaEscap hasta el final. 44 (48, 51, 61, 66) PaEscap.

## Rematar

No corte el hilo. Doble la última vuelta por la mitad juntando por los lados del derecho y alineando bien los puntos. Trabajando en 2 puntos a la vez, haga pra para cerrar la capucha. Corte el hilo y entreteja los extremos sueltos.

## Borde

Dé la vuelta a la capa para ponerla boca abajo con el lado del derecho hacia arriba. Una el hilo de modo que pueda trabajar primero por la orilla del borde de hojas.

**Vuelta 1:**

Trabaje alrededor del borde de la capa del modo siguiente:

4pb en patr del final de las vueltas para
la hoja.

En las esquinas de la parte delantera de
la capa, haga 2pb, 2c, 2pb.

Pb suelto en el final de cada vuelta de la
parte delantera de la capa. Haga un ojal
en la parte superior de la capa, un punto
más abajo de la esquina. Trabaje del modo
siguiente: haga 5c, pra en el siguiente pb
hasta el último de los que acaba de hacer
(trabajando hacia atrás), haga 5pb en el espc.
Continúe haciendo pb alrededor de la
capucha y hasta el otro lado; haga otro ojal
en el lado opuesto de la capa. Una con pra.
No dé la vuelta a la labor.

**Vuelta 2:**

Haga punto de cangrejo todo alrededor.
No haga punto de cangrejo en el ojal.
Una. Corte el hilo y entreteja los extremos
sueltos. Cosa el botón en el lado contrario de
la capa a aquel donde está el ojal alineándolo
con el borde de la capa. Estire la prenda
acabada para abrir el borde de hojas y que
quede plano.

# LEÓN MELENUDO

Cuando empezó a hablar, mi hija hacía lo que parecía un rugidito de león a todo el mundo, y este gorro era una prenda de lo más apropiada para aquella época.

*nivel de principiante*

| Tamaño | Recién nacido | Bebé | 1-3 años | 4 años o + |
|---|---|---|---|---|
| Circunferencia | 30,5 cm | 37 cm | 43 cm | 49 cm |
| Altura | 11,5 cm | 13 cm | 16 cm | 19 cm |
| Cantidad de hilo | 49 m | 74 m | 92 m | 112 m |

## MATERIALES:

- Color principal (CP): 1 madeja de 100 g de Rowan Cocoon (80 % de lana de merino, 20 % de mohair), 115 m, ámbar (215)
- Color de contraste (CC): 1 madeja de 100 g de Patons Shadow Tweed (56 % de lana, 40 % de acrílico, 4 % de viscosa), rojo, granate, naranja (6906)
- Aguja de ganchillo de 5,5 mm
- Aguja de tapicería

## COMENTARIOS SOBRE EL HILO:

Es fantástico trabajar con esta suntuosa mezcla de lana y mohair. La lana del gorro combinada con la de la melena crea una prenda muy abrigada.

## ALTERNATIVAS DE HILO:

Wendy Mode Chunky
Twilleys Freedom

## TENSIÓN:

Haga una muestra de mpa de 10 cm² con 9,5 vueltas de 13 pts usando una aguja de 5,5 mm de calibre, o del tamaño necesario para obtener la tensión que se indica.

## NOTAS SOBRE EL PATRÓN:

- El gorro se trabaja en redondo hasta la mitad de la frente para que no le moleste al niño en la cara ni en los ojos.
- En la parte posterior y los lados del gorro, se decrece en la última vuelta para que la parte inferior se meta un poco.
- Se hacen entonces las orejeras a cada lado. La melena se une al gorro hebra a hebra.
- Al trabajar en redondo en la parte superior del gorro, no cuente la cadeneta 2 como un punto. Cuando deje de trabajar en redondo, se añadirá al recuento total de puntos.

## INSTRUCCIONES:

Dé la vuelta a la labor al final de cada vuelta.

Con el CP, 2c y 8mpa en un aro deslizado.
Una la vuelta. (8) mpa.

**Vuelta 1:** 2c, ★2mpa en cada punto; repita desde ★ hasta el final. Una la vuelta. (16) mpa.

**Vuelta 2:** 2c, ★1mpa, 2mpa en el siguiente; repita desde ★ hasta el final. Una la vuelta. (24) mpa.

**Vuelta 3:** 2c, ★2mpa, 2mpa en el siguiente; repita desde ★ hasta el final. Una la vuelta. (32) mpa.

**Vuelta 4:** 2c, ★3mpa, 2mpa en el siguiente; repita desde ★ hasta el final. Una la vuelta. (40) mpa.
Para la talla de recién nacido, haga ahora la vuelta 8.

**Vuelta 5:** 2c, ★4mpa, 2mpa en el siguiente; repita desde ★ hasta el final. Una la vuelta. (48) mpa.
Para la talla de bebé, haga ahora la vuelta 8.

**Vuelta 6:** 2c, ★5mpa, 2mpa en el siguiente; repita desde ★ hasta el final. Una la vuelta. (56) mpa.
Para la talla de 1-3 años, haga ahora la vuelta 8.

**Vuelta 7:** 2c, ★6mpa, 2mpa en el siguiente; repita desde ★ hasta el final. Una la vuelta. (64) mpa.

**Vueltas 8–9 (11, 13, 15):** trabaje de manera uniforme 2 (4, 6, 8) vueltas.

## Parte de atrás del gorro

**Vueltas 1–3 (4, 4, 4):** 2c, 31 (35, 41, 47) mpa.
Dé la vuelta. 32 (36, 42, 48) mpa.

**Vuelta 4 (5, 5, 5):** 2c, 12 (13, 15, 17) mpa, mpa2j, 2 (4, 6, 8) mpa, mpa2j, 13 (14, 16, 18) mpa. Dé la vuelta. 30 (34, 40, 46) mpa.

## Orejeras

**Vuelta 1:** 2c, 9 (11, 13, 15) mpa. Dé la vuelta. 10 (12, 14, 16) mpa.

**Vuelta 2:** 2c, 1mpa, mpa2j, mpa hasta el final. Dé la vuelta. 9 (11, 13, 15) mpa.

**Vuelta 3 (4, 6, 8, 10):** repita la vuelta 2 hasta que queden 7 pts.
Corte el hilo dejando una cola de 25 cm.
Para hacer la otra orejera, una el hilo en el primer punto de la última vuelta de la parte delantera del gorro. Repita lo que hizo para la otra orejera.

## Rematar
### Borde

Comenzando por la parte inferior de una de las orejeras, con el lado del derecho mirando hacia arriba, haga 1c y 1pb alrededor de los bordes de las orejeras y del gorro para que tengan un acabado uniforme. Puede hacerlo con la misma lana que el gorro o con la de la melena.

## Trenzas de las orejeras (haga 2)

Se hacen con 6 fragmentos de hilo de 30 cm (CP o CC). Enteteja por el espacio central que hay entre los puntos de la parte inferior de la orejera. Introduzca la lana adicional por el mismo espacio.
Doble por la mitad.
Enrolle un hilo de arriba abajo y átelo con firmeza asegurándose de que quede envuelto.

Trence hasta la longitud que desee.
Envuelva y ate igual que antes.
Recorte lo que haga falta.

## Melena

Con el CC, corte fragmentos de lana de unos 12,5 cm de longitud.

**Parte superior:** Para cortar varias tiras a la vez, enrolle el hilo varias veces alrededor de la mano. Corte la lana que tiene enrollada por arriba y por abajo. Encaje la aguja de ganchillo por los espacios que hay entre los puntos. Doble las tiras por la mitad y ayúdese de la aguja para hacerlas pasar por los espacios que hay entre los puntos. Enganche los 2 extremos con la aguja y hágalos pasar por el punto que tiene en la aguja. Tire con firmeza de los extremos para asegurarlos al gorro. Necesitará una franja de melena de 1,5 cm de anchura alrededor de la cara (algo más ancha en la parte superior). No asegure la melena directamente alrededor del borde; así evitará que le moleste al niño en la cara.

## Orejas

Con el CP, haga 2c y 8mpa en un aro deslizado. Una la vuelta.

**Vuelta 2:** 2c, ★2mpa en cada punto; repita desde ★ hasta el final. Una la vuelta y corte el hilo. (16) mpa.

(Si no se ven las orejas por encima de la melena, haga una vuelta 3: 2c, ★mpa1, 2mpa en el siguiente; repita desde ★ hasta el final. Una la vuelta y corte el hilo).
Fíjese en las fotos para coser las orejas al gorro. Enteteja los extremos sueltos de hilo.

# DIADEMAS VARIAS

¿Quién no tiene trocitos de hilo sobrante guardados? Para estas pequeñas labores solo se necesita un poco de lana, para decorar diademas compradas y crear accesorios divertidos o disfraces rápidos. Además del lazo y de las mariposas, se pueden utilizar también las orejas de los patrones del gorro del león melenudo o de la chaqueta de lobo.

## nivel de principiante

| Tipo | Lazo | Mariposas | Orejas de lobo | Orejas de león |
|---|---|---|---|---|
| Anchura | 10 cm | 5 cm | 5 cm | 7,5 cm |
| Cantidad de hilo | 26 m | 9 m | 11 m | 8 m |

**MATERIALES:**

**Para el lazo**
- 26 m de cualquier hilo DK. La muestra está hecha con Sirdar Snuggly Baby Bamboo DK (80 % de bambú, 20 % de lana), 95 m, blanco rosado (Coo, 148)
- Aguja de 3,75 mm

**Para las mariposas**
- 9 m de cualquier hilo DK. La muestra está hecha con Sirdar Snuggly Baby Bamboo DK (80 % de bambú, 20 % de lana), 95 m, crema (131)
- Aguja de ganchillo de 3,75 mm

**Para las orejas redondeadas**
- 8 m de cualquier hilo grueso. La muestra está hecha con Wendy Mode Chunky (50 % de lana, 50 % de acrílico) 140 m, grano de café (Coffee Bean, 218)
- Alambre floral
- Aguja de ganchillo de 6 mm

### Para las orejas triangulares

- 11 m de cualquier hilo DK. La muestra está hecha con Wendy Mode DK (50% de lana, 50% de acrílico), 142 m, color niebla (Fog, 232)
- Alambre floral
- Aguja de ganchillo de 4 mm

### Para todos los diseños

- 1 diadema (se incluyen instrucciones para las variedades de plástico moldeado y elásticas)
- Aguja de tapicería
- Pegamento térmico (opcional)

TENSIÓN:

La tensión no es fundamental en este proyecto: con una aguja más grande y lana más gruesa el accesorio quedará de mayor tamaño.

NOTAS SOBRE EL PATRÓN:

Además de los diseños que se muestran aquí, pueden utilizarse también las orejas de la chaqueta del lobo o del gorro del león melenudo. En la sección «Rematar» encontrará instrucciones para asegurar las orejas tanto a una diadema rígida como a una blanda y elástica.

INSTRUCCIONES:

### Lacito abultado

Con una aguja de 3,75 mm y el hilo correspondiente, haga 39c. Una la vuelta.

**Vuelta 1:** 1c (no cuenta como punto), trabajando en los bultos posteriores de cadeneta, 39pb. Dé la vuelta. (39) pb.

**Vuelta 2:** 1c (no cuenta como punto), 1pb, *1pb, 1pad, repita desde ★ hasta el final. Dé la vuelta.

**Vuelta 3:** 1c, 39pb. Dé la vuelta.

**Vueltas 4–9:** repita las vueltas 2–3. Corte el hilo y entreteja los extremos sueltos.

### Rematar

Doble el tubo por la mitad de modo que la costura quede en la parte posterior de la labor. Enrolle con firmeza un extremo del hilo alrededor del centro dejando una cola de 7,5 cm. Enróllelo cuantas veces sea necesario para que mida unos 2,5 cm de anchura. Corte el hilo y ate el extremo a la cola de hilo inicial. Use la aguja de ganchillo para ocultar los extremos dentro del hilo enrollado.

### Mariposas

Con la aguja de 3,75 mm y el hilo correspondiente a la mariposa, 1c (no cuenta como punto), [1pb, 2c] 4 veces en un aro deslizado. Una la vuelta. (4) pb.

**Vuelta 1:** 1c, sáltese 1, 6pad en 2espc, 1pra, [6mpa en 2espc, 1pra] 2 veces, 6pad en 2espc. Una la vuelta. Corte el hilo dejando una cola de 4 cm para coser. (24) pb.

### Abdomen

Corte un trozo de hilo de unos 15 cm de longitud. Dejando una cola de 5 cm, enrolle el hilo 3 veces alrededor de la mariposa (a lo ancho) y ate los extremos. Haga un nudo pequeño en los extremos de los hilos para crear las bolitas de la parte superior de las antenas, y recorte.

### Rematar

### Diadema de plástico modelado

Para asegurar las mariposas en la diadema de plástico modelado, enhebre una aguja de tapicería con hilo a juego.

**Para las mariposas:** Coloque la mariposa en un lugar de la diadema donde haya dientes por el lado opuesto. Haga pasar la aguja por el lado posterior del hilo enrollado y por la parte inferior de la mariposa y luego otra vez hacia abajo, asegurándose de no pasar por el lado del derecho de la mariposa. Enrolle el hilo alrededor del plástico de la diadema. Dé varias puntadas de este modo para sujetar la mariposa a la diadema. Asegure con un nudo. Con la aguja de ganchillo, introduzca los extremos sueltos en el hilo enrollado. Un poco de pegamento térmico ayudará a asegurarlo mejor.

### Diadema elástica

Para asegurar los detalles en la diadema elástica, enhebre una aguja de tapicería con hilo a juego. (Podría ser mejor utilizar una aguja ligeramente más afilada. Si el hilo que está usando para la labor es demasiado grueso para enhebrar la aguja, puede dividirlo; también puede utilizar hilo de coser o de bordar a juego.)

**Para la mariposa:** coloque el detalle. Haga pasar la aguja por el lado posterior del hilo enrollado y por la parte inferior de la mariposa y luego otra vez hacia abajo asegurándose de no pasar por el lado del derecho de la mariposa. Luego haga pasar la aguja por el elástico de la diadema. Dé varias puntadas de este modo para sujetar la mariposa a la diadema. Asegure con un nudo. Con la aguja de ganchillo, introduzca

los extremos sueltos en el hilo enrollado. Un poco de pegamento térmico ayudará a asegurarlo mejor.

### Orejas triangulares

Siga el patrón para las orejas del lobo de la página 113 hasta el paso en el que debe sujetarlas juntas para unirlas. Coja un trozo de alambre floral y dele la forma de un triángulo un poco más pequeño que las orejas. Colóquelo en su interior y pb como se indica en el patrón.

### Orejas redondeadas

Siga el patrón para las orejas del león melenudo de la página 42 hasta el paso donde debe sujetarlas juntas para unirlas. Coja un trozo de alambre floral y dele la forma de un círculo un poco más pequeño que las orejas. Colóquelo en su interior y pb como se indica en el patrón.

### Rematar
### Diadema de plástico modelado

Para asegurar los detalles en la diadema de plástico modelado, enhebre una aguja de tapicería con hilo a juego.

**Para las orejas:** Coloque las orejas en un lugar de la diadema que tenga dientes por el lado opuesto. Introduzca la aguja por la parte inferior de las orejas, hágala pasar por encima del alambre floral, sáquela por el otro lado (el alambre floral deberá quedar entre el hilo y la diadema) y luego alrededor del plástico de la diadema. Dé varias puntadas de este modo a través de las orejas y rodeando la diadema. Asegure con un nudo. Haga lo mismo para la segunda oreja. Con la aguja de ganchillo, introduzca los extremos

sueltos en medio del «sándwich» de la oreja. Un poco de pegamento térmico ayudará a asegurarlo mejor.

### Diadema elástica

Para asegurar los detalles en la diadema elástica, enhebre una aguja de tapicería con hilo a juego. (Puede ser mejor utilizar una aguja ligeramente más afilada. Si el hilo que está usando para la labor es demasiado grueso para enhebrar la aguja, puede dividirlo; también puede utilizar hilo de coser o de bordar a juego).

**Para las orejas:** coloque las orejas en un lugar de la diadema que tenga dientes por el lado opuesto. Introduzca la aguja por la parte inferior de las orejas, hágala pasar por encima del alambre floral, sáquela por el otro lado (el alambre floral deberá quedar entre el hilo y la diadema) y luego introdúzcala en el elástico de la diadema. Dé varias puntadas de este modo a través de las orejas y de la diadema. Asegure con un nudo. Haga lo mismo para la segunda oreja. Con la aguja de ganchillo, introduzca los extremos sueltos en medio del «sándwich» de la oreja. Con un poco de pegamento térmico ayudará a asegurarlo mejor.

# BRUJAS, MAGOS Y PRINCESAS

Con estos gorros flexibles y abrigados, confeccionados con lana supergruesa, sus pequeñas criaturas mágicas estarán listas para jugar enseguida.

*nivel de principiante*

| Tamaño | Recién nacido | Bebé | 1-3 años | 4 años o + |
|---|---|---|---|---|
| Circunferencia acabada | 36 cm | 40 cm | 44 cm | 52 cm |
| Altura acabada | 20 cm | 25,5 cm | 28 cm | 32 cm |
| Cantidad de hilo (mago y princesa) | 29 m | 35,8 m | 43,6 m | 61,5 m |
| Cantidad de hilo (bruja) | 52 m | 64 m | 96 m | 116 m |

## MATERIALES:

### Para el mago

- 1 madeja de 150 g de Malabrigo Rasta (100 % de lana de merino) 82 m, azul (856)

### Para la bruja

- 1 (1, 2, 2) madeja de 150 g de Malabrigo Rasta (100 % de lana de merino) 82 m, negro (195)

### Para la princesa

- 2 (2, 3, 4) madejas de 50 g de Sirdar Big Softie Super Chunky (51 % de lana, 49 % de acrílico), 45 m, rosa (347)
- Aguja de ganchillo de 6,5 mm
- Aguja de tapicería
- Marcador de puntos

## COMENTARIOS SOBRE EL HILO:

Se trabaja muy rápido con esta lana parcialmente afieltrada y supergruesa.

## ALTERNATIVAS DE HILO:

Seriously Chunky, de Cygnet
Serenity Super Chunky, de Wendy

*Notas sobre el patrón: Este patrón se trabaja integramente en redondo en el estilo «amigurumi», sin costuras ni cadenetas adicionales al comienzo de las vueltas.*

*Utilice un marcador para señalar el comienzo de las vueltas.*

*No dé la vuelta a la labor al final de las vueltas.*

## TENSIÓN:

Haga una muestra de punto bajo de 10 cm² con 8 vueltas de 7,5 pts usando una aguja de 6,5 mm de calibre, o del tamaño necesario para obtener la tensión que se indica.

## INSTRUCCIONES:

1c, 4pb en un aro deslizado. (4) pb.

**Vuelta 1:** *1pb, 2pb en pb; repita desde * hasta el final. (6) pb.

**Vuelta 2:** 6pb.

**Vuelta 3:** *1pb, 2pb en pb; repita desde * hasta el final. (9) pb.

**Vuelta 4:** 9pb.

**Vuelta 5:** *2pb, 2pb en pb; repita desde * hasta el final. (12) pb.

**Vuelta 6:** 12pb.

**Vuelta 7:** *3pb, 2pb en pb; repita desde * hasta el final. (15) pb.

**Vuelta 8:** 15pb.

**Vuelta 9:** *4pb, 2pb en pb; repita desde * hasta el final. (18) pb.

**Vuelta 10:** 18pb.

**Vuelta 11:** *5pb, 2pb en pb; repita desde * hasta el final. (21) pb.

**Vuelta 12:** 21pb.

**Vuelta 13:** *6pb, 2pb en pb; repita desde * hasta el final. (24) pb.

**Vuelta 14:** 24pb.

**Vuelta 15:** *7pb, 2pb en pb; repita desde * hasta el final. (27) pb.

**Vuelta 16:** 27pb.

### SOLAMENTE para las tallas de bebé, niños de 1–3 años y de 4 años o +

**Vuelta 17:** *8pb, 2pb en pb; repita desde * hasta el final. (30) pb.

**Vuelta 18:** 30pb.

### SOLAMENTE para las tallas de niños de 1–3 años y de 4 años o +

**Vuelta 19:** *9pb, 2pb en pb; repita desde * hasta el final. (33) pb.

**Vuelta 20:** 33pb.

### SOLAMENTE para la talla de niños de 4 años o +

**Vuelta 21:** *10pb, 2pb en pb; repita desde * hasta el final. (36) pb.

**Vuelta 22:** 36pb.

**Vuelta 23:** *11pb, 2pb en pb; repita desde * hasta el final (39) pb.

**Vuelta 24:** 39pb.

### Para TODAS las tallas

Haga 4 (4, 5, 6) vueltas de manera uniforme. Remate para los gorros de mago y de princesa o continúe con la sección del ala para el gorro de bruja.

### Ala del gorro de bruja

**Vuelta 1:** (trabajando SPD) *2pb, 2pb en pb; repita desde * hasta el final. 36 (40, 44, 52) pb.

**Vuelta 2:** *3pb, 2pb en pb; repita desde * hasta el final. 45 (50, 55, 65) pb.

**Vuelta 3:** *4pb, 2pb en pb; repita desde * hasta el final. 54 (60, 66, 78) pb.

**Vuelta 4:** *5pb, 2pb en pb; repita desde * hasta el final. 63 (70, 77, 91) pb.

### SOLAMENTE para las tallas de recién nacido y bebé

Corte el hilo y entreteja los extremos sueltos.

### SOLAMENTE para las tallas de niños de 1–3 años y de 4 años o +

**Vuelta 5:** 2pb en pb, — (—, 42, 44) pb, 2pb en pb, pb hasta el final (88, 104).

**Vuelta 6:** 2pb en pb, — (—, 43, 45) pb, 2pb en pb, pb hasta el final (99, 117).

Corte el hilo y entreteja los extremos sueltos.

# TOQUILLA

Esta toquillita es perfecta tanto para vestir un poco a un peque como para abrigarle, o las dos cosas a la vez.

## nivel de principiante

| Tamaño | 0-12 meses | 1 año | 2 años | 4 años | 6 años |
|---|---|---|---|---|---|
| Longitud acabada | 71 cm | 85 cm | 91 cm | 103 cm | 111 cm |
| Cantidad de hilo | 99 m | 141 m | 163 m | 185 m | 213 m |

### MATERIALES:
- 1 (2, 2, 2, 2) madeja de 50 g de Sublime Baby Cashmere Merino Silk DK (75 % de lana de merino extrafina, 20 % de seda, 5 % de cachemir) 116 m, color guijarro (Pebble, 006)
- Aguja de ganchillo de 4 mm
- 2 botones (de 7,5–10 cm de diámetro)
- Aguja de tapicería

### COMENTARIOS SOBRE EL HILO:
El cuerpo y la suavidad de este hilo DK son sencillos, pero muy atractivos.

### ALTERNATIVAS DE HILO:
Debbie Bliss Cashmerino DK
Rowan Cashsoft DK

### TENSIÓN:
Haga una muestra de punto alto de 10 cm$^2$ con 7 vueltas de 18 pts usando una aguja de 4 mm de calibre, o del tamaño necesario para obtener la tensión que se indica.

### PUNTOS ESPECIALES:
**Punto hinchado (PH)**

[PHA, introduzca la aguja en el punto y haga un punto] 3 veces (7 puntos en la aguja). PHA y haga pasar el hilo por 6 de los puntos que tiene en la aguja. PHA y haga pasar el hilo por los 2 últimos puntos que le quedan en la aguja.

*Notas sobre el patrón:* Esta toquilla se elabora de lado a lado. Los aumentos solo se hacen en el lado de la trenza y el punto hinchado. Se obtiene una forma alargada y estrecha.

## INSTRUCCIONES:

Cuente las 3c del principio de cada vuelta como un punto. Haga 9c.

**Vuelta 1 (LD):** empezando en la 4.ª c desde la aguja (cuenta como 1pa), 2pa, sáltese 1c, [1PH, 1c, 1PH] en la siguiente c, sáltese 1c, 1pa. Dé la vuelta. 6pts.

**Vuelta 2:** 3c, [1PH, 1c, 1PH] en el espc entre los 2 PH, 1PaRpatr en el siguiente pa, 2pa en pa, 1pa en el punto. Dé la vuelta. 7pts.

**Vuelta 3:** 3c, 1pa, 2pa en pa, 1PaRpdl, [1PH, 1c, 1PH] en el espc entre los 2 PH, PaRpdl en el punto. 8pts.

**Vuelta 4:** 3c, [1PH, c, 1PH] en el espc entre los 2 PH, 1PaRpdtr, 2pa en pa, 3pa. Dé la vuelta. 9pts.

Repita las vueltas 3–4 8 (10, 11, 12, 13) veces hasta tener 25 (29, 31, 33, 35) puntos.

**Vueltas 21 (25, 27, 29, 31) – 29 (35, 37, 43, 47):** trabaje de manera uniforme.

### Disminuir

**Vuelta 1:** 3c, 18 (21, 24, 26, 28) pa, pa2j, PaRpdl, [1PH, 1c, 1PH] en el espc entre los 2PH, PaRpdl. 24 (28, 30, 32, 34) pts.

**Vuelta 2:** 3c, [1PH, 1c, 1PH] en el espc entre 2 PH, PaRpdtr, pa2j, 18 (21, 24, 26, 28) pa. Dé la vuelta. 23 (27, 29, 31, 33) pts.

Repita las vueltas 1–2 8 (10, 11, 12, 13) veces.

Haga una vez la vuelta 1 (quedan 6 pts).

Corte el hilo y entreteja los extremos sueltos.

### Borde

Con el LD mirando hacia usted, una el hilo en el borde corto de la toquilla.

1c, 4pb, dé la vuelta, 4c, pra en el 2.º pb hecho, dé la vuelta, 5pb en el punto, continúe por el borde corto 1pb, [1pb, 2c, 1pb] en el punto de la esquina, continúe haciendo pb por el borde largo y recto, [1pb, 2c, 1pb] en el punto de la esquina, 4pb, dé la vuelta, 4c, pra en el 2.º pb hecho, dé la vuelta, 5pb en el punto, 2pb en el borde corto. Corte el hilo y entreteja los extremos sueltos. Cosa los botones según le convenga al peque en la parte de atrás de la toquilla, por el lado interior, en línea con el borde.

# PIERNAS, MANOS Y PIES

# ZAPATILLAS DE BALLET PARA BEBÉS

Delicadas zapatillas de ballet para los delicados pies de los bebés.

*nivel intermedio*

| Tamaño | Pequeño | Mediano | Grande | Extragrande |
|---|---|---|---|---|
| **Anchura del pie** | 5 cm | 6 cm | 6 cm | 6,5 cm |
| **Longitud del pie** | 9 cm | 10 cm | 11 cm | 12,5 cm |
| **Cantidad de hilo** | 33 m | 41 m | 47 m | 58 m |

**MATERIALES:**

- 1 madeja de 50 g de Sirdar Snuggly Baby Bamboo DK (80 % de bambú, 20 % de lana), 95 m, malva (Flip Flop, 125)
- Aguja de ganchillo de 4 mm
- 19 (20, 21,24) cm de cordón fino elástico o goma elástica para fruncir doble, atado o cosido en forma de círculo
- Lazos de 17,5 cm
- Aguja de bordar

**COMENTARIOS SOBRE EL HILO:**

Sedoso y con caída, este fabuloso hilo aportará un poco de lustre a las zapatillas.

**ALTERNATIVAS DE HILO:**

Sublime Cashmere Merino Silk DK

**TENSIÓN:**

Haga una muestra de pb de 10 cm$^2$ con 23 vueltas de 17 pts usando una aguja de 4 mm de calibre, o del tamaño necesario para obtener la tensión que se indica.

**NOTA SOBRE EL TALLAJE:**

Las zapatillas de la muestra son para aproximadamente 2 años.

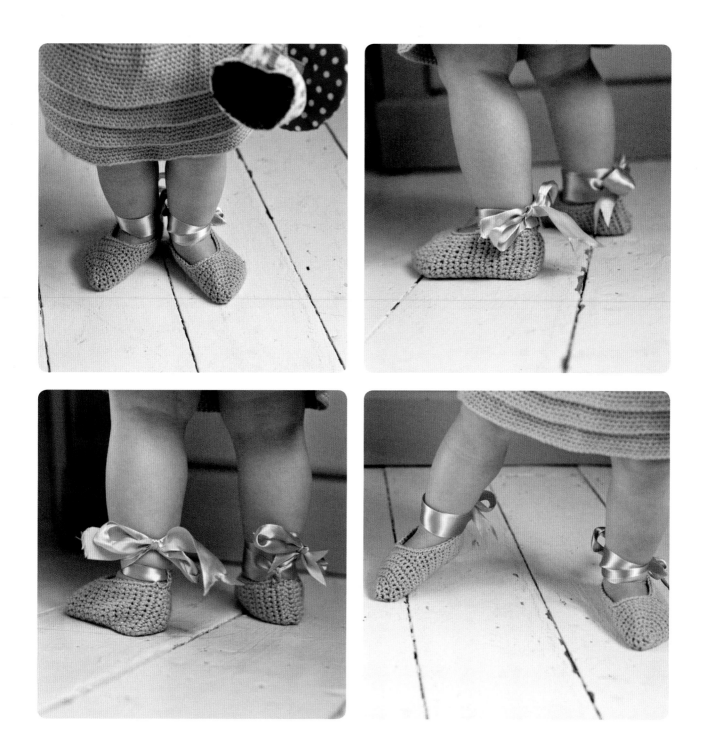

*Nota sobre el patrón:*
*Dé la vuelta a la*
*labor al final de cada*
*vuelta.*

## INSTRUCCIONES:

### Punta

1c, 4pb en un aro deslizado. Una y dé la vuelta. (4) pb.

**Vuelta 1:** 1c (no cuenta como punto), 2 pb en cada pt hasta el final. Una la vuelta. (8) pb.

**Vuelta 2:** 1c, ★1pb, 2pb en pb; repita desde ★ hasta el final. Una la vuelta. (12) pb.

**Vuelta 3:** 1c, ★2pb, 2pb en pb; repita desde ★ hasta el final. Una la vuelta. (16) pb.

**Vuelta 4:** 1c, ★3pb, 2pb en pb; repita desde ★ hasta el final. Una la vuelta. (20) pb.

### SOLAMENTE para las tallas mediana, grande y extragrande

**Vuelta 5:** 1c, ★4pb, 2pb en pb; repita desde ★ hasta el final. Una la vuelta. — (24, 24, 24) pb.

### SOLAMENTE para la talla extragrande

**Vuelta 6:** 1c, ★5pb, 2pb en pb; repita desde ★ hasta el final. Una la vuelta. — (—, —, 28).

### Para TODAS las tallas

Trabaje de manera uniforme 2 (3, 3, 3) vueltas.

### Suela

**Base:** 7 (9, 9, 11) pra.

Dé la vuelta para mover la línea de puntos unidos a la parte inferior de la suela.

**Vueltas 1-13 (15, 16, 18):** con el LR (LD, LR, LD) mirando hacia arriba 1c, 15 (19, 19, 22) pb. Dé la vuelta. 15 (19, 19, 22) pb.

Doble la última vuelta por la mitad, juntando por los lados del derecho y alineando los puntos; pra. por las 4 hebras de los puntos. Corte el hilo y entreteja los extremos sueltos.

### Borde

Deberá trabajar alrededor del elástico a medida que haga pb por el borde. Esto ayudará a que la zapatilla no se salga del pie.

**Vuelta 1:** una el hilo en la parte superior de la zapatilla, por detrás de la costura de pra. Trabajando alrededor del elástico, 1c, 31 (35, 39, 44) pb, 6c, 1pb en el mismo punto para formar una presilla. Corte el hilo y entreteja los extremos sueltos.

### Acabado de la pieza

Introduzca el lazo por la presilla de la parte posterior.

# PIES DE ANIMAL

Es un hecho probado que las zapatillas con garras son esenciales en la infancia.

*nivel intermedio*

| Tamaño | 0-6 meses | 6-12 meses | 1 año | 2 años | 4 años | 6 años |
|---|---|---|---|---|---|---|
| Ancho del pie | 5 cm | 5,5 cm | 5,5 cm | 6 cm | 6,5 cm | 6,5 cm |
| Longitud del pie | 9 cm | 10 cm | 11 cm | 12,5 cm | 16 cm | 16,5 cm |
| Cantidad de hilo | 27 m | 34 m | 37 m | 45 m | 57 m | 70 m |

## MATERIALES:

- Color principal (CP): 1 madeja de 250 g de Cascade Eco+ (100 % de lana peruana), 250 m, marrón (NightVision, 8025)
- Color de contraste (CC): una cantidad pequeña de Cascade 220 (100 % de lana peruana), negro (8555)
- Aguja de ganchillo de 4 mm
- Aguja de ganchillo de 6 mm
- Aguja de ganchillo de 6,5 mm
- 12,5 (14, 15, 15, 16, 17,5) cm de cinta elástica de 0,75 cm de anchura
- Aguja de tapicería

## COMENTARIOS SOBRE EL HILO:

Es muy económico. Con una madeja de este hilo grueso tipo *tweed* podrá hacer zapatillas para toda la familia.

## ALTERNATIVAS DE HILO:

Wendy Mode Chunky

## TENSIÓN:

Haga una muestra de mpa de 10 cm² con 8 vueltas de 15 pts usando una aguja de 6 mm de calibre, o del tamaño necesario para obtener la tensión que se indica.

## PUNTOS ESPECIALES:

**Canalé de punto raso**

Pra SPD. Puede ser un poco difícil al principio; asegúrese de trabajar de manera suelta.

*Notas sobre el patrón: De todas las zapatillas de ganchillo que he hecho y llevado a lo largo del tiempo, las de doble suela son, con mucho, las más cómodas, por lo que merece la pena el esfuerzo adicional que hay que dedicarles. Primero se hacen las suelas y luego se juntan de 2 en 2. El talón se trabaja directamente en las suelas; después, se confecciona por separado la parte superior de la zapatilla y, por último, se cosen las piezas.*

*No hay que contar las cadenetas del principio de las vueltas, a menos que se diga otra cosa.*

## INSTRUCCIONES:

### Suelas (haga 4)

Con la aguja de ganchillo de tamaño medio y el CP, haga 7 (9, 10, 11, 13, 15) cadenetas.

**Vuelta 1:** 2mpa en la 3.ª cadeneta desde la aguja, 3 (5, 6, 7, 9, 11) mpa, 7 (8, 7, 7, 7, 8) mpa en el último punto, dando la vuelta a la labor al trabajar en el otro lado de la cadeneta, 3 (5, 6, 7, 9, 11) mpa, 2mpa en el último punto (este es el mismo punto en el que hizo 2mpa al principio de la vuelta). Una la vuelta. No dé la vuelta a la labor. 17 (22, 23, 25, 29, 34) mpa.

### SOLAMENTE para las tallas de 0–6 meses y 6–12 meses

**Vuelta 2:** 1c, [2pb en mpa] 2 veces, 3 (5, —, —, —, —) pb, [2pb en mpa] 7 (8, —, —, —, —) veces, 3 (5, —, —, —, —) pb, [2pb en mpa] 2 veces. Una la vuelta. No dé la vuelta. 28, (34, —, —, —, —) pb.

### SOLAMENTE para las tallas de 1, 2, 4 y 6 años

**Vuelta 2:** 1c, [2pb en mpa] 2 veces, — (—, 3, 4, 5, 6) pb, — (—, 3, 3, 4, 5) mpa, [2pb en mpa] — (—, 8, 7, 7, 8) veces, — (—, 3, 3, 4, 5) mpa, — (—, 3, 4, 5, 6) pb, [2pb en mpa] 2 veces. Una la vuelta. No dé la vuelta a la labor. — (—, 34, 36, 40, 46) pts.

### Para TODAS las tallas

**Vuelta 3:** 1c, 3pb, 2pb en pb, 3 (5, 6, 7, 9, 11) pb, [2pb en el siguiente punto, 1pb] 7 (8, 7, 7, 7, 8) veces, 3 (5, 6, 7, 9, 11) pb, 2pb en pb, 3pb. Una la vuelta. No dé la vuelta a la labor. 37 (44, 43, 45, 49, 56) pb.

Junte las suelas por los lados del revés y únalas con pra SPD (son los 2 puntos interiores del «sándwich»). Corte el hilo y entreteja los extremos sueltos.

### Talones

**Vuelta 1:** busque el punto central atrás de las suelas (donde unió con pra la última vuelta de la suela). Cuente 8 (9, 9, 9, 11, 11) puntos hacia la punta.

Tejiendo en el punto sin trabajar de la cara interior de la parte superior de la suela, 1c, 17 (19, 19, 19, 23, 23) pb hacia la parte posterior central. Dé la vuelta. 17 (19, 19, 19, 23, 23) pb.

**Vuelta 2:** 1c, 17 (19, 19, 19, 23, 23) pb. Dé la vuelta. 17 (19, 19, 19, 23, 23) pb.

Haga — (—, —, 1, 2, 4) vueltas de manera uniforme.

**Vuelta 3 (3, 3, 4, 5, 7):** 1c, 2pb, pb2j, 9 (11, 11, 11, 15, 15) pb, pb2j, 2pb. Dé la vuelta. 15 (17, 17, 17, 21, 21) pb.

**Vuelta 4 (4, 4, 5, 6, 8):** (ate o cosa el elástico por sus extremos. Para esta última vuelta, debe trabajar alrededor del elástico), 1c, 15 (17, 17, 17, 21, 21) pb. Corte el hilo y entreteja los extremos sueltos. 15 (17, 17, 17, 21, 21) pb.

**Parte superior frontal (haga 2)**

Con la aguja de ganchillo más grande
y el CP, haga 9 (11, 12, 13, 15, 16) c.

**Vuelta 1 (LD):** (trabaje en los bultos
posteriores de la cadeneta) empezando
en la 2ª. c desde la aguja, 8 (10, 11, 13, 14, 15)
pra. Dé la vuelta. 8 (10, 11, 13, 14, 15) pra.

**Vuelta 2:** 1c, 8 (10, 11, 13, 14, 15) pra SPD.
Dé la vuelta. 8 (10, 11, 13, 14, 15) pra.

**Vuelta 3:** 2c. Comenzando en la 2ª. c desde
la aguja, 9 (11, 12, 13, 15, 16) pra SPD. Dé la
vuelta. 9 (11, 12, 13, 15, 16) pra.

**Vueltas 4–10 (14, 14, 18, 20, 24):** 1c, 9
(11, 12, 13, 15, 16) pra SPD. Dé la vuelta.
9 (11, 12, 13, 15, 16) pra.

**Vuelta 11 (15, 15, 19, 21, 25):** 1c, 8 (10, 11,
13, 14, 15) pra SPD. Sáltese 1. Dé la vuelta.
8 (10, 11, 13, 14, 15) pra.

**Vuelta 12 (16, 16, 20, 22, 26):** 1c, 8 (10, 11,
13, 14, 15) pra SPD. Dé la vuelta.

**Hacer el borde de la parte superior
y coserlo**

**Vuelta 1 (LR):** con la aguja más pequeña, pb
alrededor de los 3 bordes de la parte superior
de la zapatilla (no por su borde superior y
recto), del modo siguiente:

Por los lados, trabaje en las 2 hebras del
canalé de pra. Por el borde inferior curvo,
pb cada 2 vueltas, 22 (28, 30, 36, 39, 43) pb.
Dé la vuelta.

**Vuelta 2 (LD):** coloque la parte superior
de la zapatilla sobre la parte de los dedos
con el LD hacia arriba. Alinee el borde
curvo con la parte de la punta de la suela.
Superponga 2 (3, 4, 5, 5, 6) puntos el lado
recto de la parte superior de la zapatilla
a la parte frontal del talón. Cosa la parte
superior de la zapatilla a la suela trabajando
alrededor de los puntos verticales del borde
de pb y a través de las 2 capas de la suela

(también puede unir la parte superior con
pra utilizando las hebras de la suela superior
que no haya trabajado). Para mantener recta
la parte superior, puede prenderla con alfileres
mientras trabaja.

**Vuelta 3:** una el hilo para trabajar por el
borde recto de la parte superior de la zapatilla.
Trabajando cada 2 vueltas, 2 (3, 3, 4, 4, 5) pb,
2 (2, 2, 2, 3, 3) pb alrededor del elástico de la
sección del talón que sigue al descubierto, 2 (3,
3, 4, 4, 5) pb. Corte el hilo. 6 (8, 8, 10, 11, 13) pb.

**Garras (haga 2)**

Con la aguja más pequeña y el
hilo correspondiente a las garras, [4c,
comenzando en la 2.ª cadeneta desde
la aguja, 1pb, 1mpa, 1pa] 4 veces. Estire
ligeramente o planche con vapor para
que las garras se aplanen. Cósalas a la
parte frontal de la zapatilla.

# MANOPLAS DE SOL Y LLUVIA

Los mitones convertibles en manoplas son perfectos para los niños, ya que les abrigan los deditos al tiempo que les permiten explorar y jugar.

*nivel de principiante*

| Tamaño | Pequeño | Mediano | Grande |
|---|---|---|---|
| Circunferencia | 11,5 cm | 14 cm | 16,5 cm |
| Longitud | 11,5 cm | 14,5 cm | 17 cm |
| Cantidad de hilo | 66 m | 100 m | 137 m |

MATERIALES:

◎ Color principal (CP): 1 madeja de 100 g de Cascade 220 (100% de lana peruana), 201 m, gris plata (8401)

◎ Una pequeña cantidad de Cascade 220 (100% de lana peruana), 201 m en los siguientes colores:

Nube: carbón (8400)

Sol: girasol (2415)

Rayos de sol: sorbete naranja (7825)

Lluvia: arándano (9464)

Arcoíris: los colores anteriores, más:

Rojo navideño (8895)

Verde navideño (8894)

◎ Aguja de ganchillo de 4 mm
◎ Aguja de ganchillo de 4,5 mm

◎ 2 botones (de 1 cm de diámetro)
◎ Aguja de tapicería
◎ Marcador de puntos

COMENTARIOS SOBRE EL HILO:

Cascade 220 es una lana de grosor tipo estambre que se encuentra en una enorme variedad de colores y da un punto de excelente definición.

## ALTERNATIVAS DE HILO:

Quince and Co. Lark

## TENSIÓN:

Haga una muestra de pb de 10 cm² con
12 vueltas de 15,5 pts usando una aguja de
4, 5 mm de calibre, o del tamaño necesario
para obtener la tensión que se indica.

## PUNTOS ESPECIALES:

**Medio punto alto de base (mpabase)**

Primer punto:

Haga 2c, PHA, introduzca la aguja en la
primera cadeneta, PHA y haga pasar el hilo
por el punto (3 puntos en la aguja). Este

es el punto de unión. PHA y haga pasar
el hilo por el primer punto de la aguja
(3 puntos en la aguja). Este es el punto
de «cadeneta». PHA y haga pasar el hilo
por los 3 puntos de la aguja.

Siguientes puntos:

PHA, introduzca la aguja en la «cadeneta»
del punto anterior, PHA y haga pasar el
hilo por el punto (3 puntos en la aguja).
Este es el punto de unión. PHA y haga
pasar el hilo por el primer punto de la aguja
(3 puntos en la aguja). Este es el punto de
«cadeneta». PHA y haga pasar el hilo por
los 3 puntos de la aguja.

NOTAS SOBRE EL PATRÓN:

• No cuente las cadenetas del principio de las vueltas como puntos.

• No dé la vuelta a la labor al final de cada vuelta.

INSTRUCCIONES (haga 2, pero siga las indicaciones para el mitón izquierdo y derecho):

**Vuelta 1:** con la aguja más pequeña y el CP, haga 18 (22, 26) mpabase. Una la vuelta. 18 (22, 26) mpabase.

**Vueltas 2–4 (5, 6):** 3c, ★ PaRpdl, PaRpdtr; repita desde ★ hasta el final. Una la vuelta.

**Vueltas 5 (6, 7) – 8 (10,11):** cambiar al ganchillo grande, 1c, 18 (22,26) pb. Una la vuelta.

### Orificio para el pulgar, mitón izquierdo

**Vuelta 9 (11, 12):** 1c (no cuenta como punto), 1pb, 3 (4, 5) c, sáltese 3 (4, 5) puntos, 14 (17, 20) pb. Una en la primera cadeneta del orificio para el pulgar, al principio de la vuelta. 15 (18, 21) pb.

### Orificio para el pulgar, mitón derecho

**Vuelta 9 (11, 12):** 1c, 14 (17, 20) pb, 3 (4, 5) c, sáltese 3 (4, 5) puntos, 1pb. Una la vuelta. 15 (18, 21) pb.

### Los 2 mitones

**Vuelta 10 (12, 13):** 1c, 18 (22, 26) pb, trabajando solo en una de las hebras de las cadenetas cuando llegue a ellas. Una la vuelta. 18 (22, 26) pb.

**Vueltas 11 (13, 14) – 13 (16, 18):** 1c, 18 (22, 26) pb. Una la vuelta.

### Preparación de la pieza de cierre, mitón izquierdo

**Vuelta 14 (17, 19):** 1c, 4 (5 ,6) pb, 7 (9, 11) pb SPT (puede ser útil señalar los puntos que no estén trabajados con un marcador de puntos para encontrarlos de nuevo fácilmente), 7 (8, 9) pb en las 2 hebras. Una la vuelta. 18 (22, 26) pb.

### Preparación para la pieza de cierre, mitón derecho

**Vuelta 14 (17, 19):** 1c, 7 (8, 9) pb, 7 (9, 11) pb SPT (puede ser útil señalar los puntos que no estén trabajados con un marcador de puntos para encontrarlos de nuevo fácilmente), 4 (5, 6) pb en las 2 hebras. Una la vuelta. 18 (22, 6) pb.

### Los 2 mitones

**Vueltas 15 (18, 20) – 17 (20, 23):** 1c, 18 (22, 26) pb. Una la vuelta. Corte el hilo.

### Parte de la manopla

**Vuelta 1:** una el hilo en el primer punto no trabajado de la vuelta 14 (17, 19) del mitón, con el LD hacia arriba. 1c, haga 7 (9, 11) pb en los puntos sin trabajar del mitón y luego 13 (15, 17) c. Una al primer pb de la vuelta. 7 (9, 11) pb y 13 (15, 17) c.

**Vueltas 2–3 (4, 6):** 7 (9, 11) pb en pb y 13 (15, 17) pb en c. Una la vuelta. 20 (24, 27) pb.

**Vuelta 4 (5, 7):** 1c, [pb2j] 10 (12, 14) veces. Una la vuelta. 10 (12, 14) pb.

**Vuelta 5 (6, 8):** 1c, 10 (12, 14) pb. Una la vuelta.

**Vuelta 6 (7, 9):** 1c, [pb2j] 5 (6, 7) veces. No una la vuelta. 5 (6, 7) pb.

### Presilla para el botón

Haga 4 c, sáltese 2 (3, 3) pb, 1pra. Corte el hilo y hágalo pasar por los puntos dejando una cola de 15 cm después de la cadeneta. Con una aguja de tapicería, cierre la parte

superior del mitón entretejiendo el hilo
por los últimos 5 (6, 7) puntos; tire del hilo
con firmeza para cerrar, pero dejando las
4c sueltas en la parte superior de modo que
hagan de presilla para el botón. Asegure
con un nudo.

**Pulgar**

**Vuelta 1:** una el hilo en los puntos que se
haya saltado al hacer el orificio para el pulgar,
1c, 6 (8, 10) pb hasta el final trabajando en los
puntos que se haya saltado antes y por el lado
sin trabajar de la cadeneta. Una la vuelta.
6 (8, 10) pb.

**Vueltas 2–4 (5, 6):** 1c, 6 (8, 10) pb. Una
la vuelta.

**Vuelta 5 (6, 7):** 1c, [pb2j] 3 (4, 5) veces.
3 (4, 5) pb. Corte el hilo dejando una cola
de 15 cm. Con una aguja de tapicería, cierre
la parte superior del mitón entretejiendo el
hilo por los últimos 3 (4, 5) puntos; tire

del hilo con firmeza para cerrar. Asegure
con un nudo.

**Nube (haga 2)**

Con el hilo correspondiente a la nube y la
aguja de ganchillo más pequeña, haga 4c.

**Vuelta 1:** 2 pb en la 2.ª c desde la aguja, 1pb,
4pb en la siguiente c, dé la vuelta a la labor
para trabajar por el otro lado de c, 1pb, 2pb
en la siguiente c. Una la vuelta. (10) pb.

**Vuelta 2:** 6pa en el siguiente punto, [1pra,
6pa en el siguiente punto] 2 veces, 1pra.
(21) pts.

Fíjese en la foto para coser la nube en la parte
frontal de los mitones.

**Sol**

Con el hilo correspondiente a la nube y la
aguja de ganchillo más pequeña, haga 1c
(no cuenta como punto), 6pb en un aro
deslizado. Una la vuelta. (6) pb.

**Vuelta 1:** 1c (no cuenta como punto), [2pb
en el siguiente pb] 6 veces. Una la vuelta.
(12) pb.

Remate y entreteja los hilos sueltos.

Fíjese en la foto y cosa el sol en la pieza
de cierre dando puntadas atrás alrededor del
borde del círculo.

**Arcoíris**

Fíjese en la foto y borde un arcoíris sobre
la pieza de cierre del mitón.

**Acabado**

Para añadir las líneas de lluvia y los rayos
de sol, enhebre la aguja con el hilo de lana
apropiado y utilice punto de bastilla para
coser las líneas que salen de la nube y los rayos
que salen del sol.

Usando como guía la presilla, cosa el botón
en la parte frontal del mitón para mantener
abierta la pieza de cierre.

# ZAPATITOS DE CRISTAL

Estas delicadas zapatillas con diseño de encaje se hacen en poco tiempo y aportan un toque de glamour a los piececitos infantiles.

*nivel intermedio*

| Tamaño | 0-6 meses | 6-12 meses | 1 año | 2 años |
|---|---|---|---|---|
| Anchura | 5 cm | 5,5 cm | 5,5 cm | 5,5 cm |
| Longitud | 9 cm | 10 cm | 11,5 cm | 13 cm |
| Cantidad de hilo | 37 m | 38,5 m | 52 m | 62 m |

## MATERIALES:

- 1 madeja de 50 g de Malabrigo Silky Merino (51 % de seda, 49 % de lana de merino), 138 m, gris (429)
- Aguja de ganchillo de 3,75 mm
- 2 botones (de 1 cm de diámetro)
- Aguja de tapicería
- 19 (20, 21, 24) cm de cordón elástico fino o goma elástica doble para fruncir, atado o cosido en forma de círculo

## COMENTARIOS SOBRE EL HILO:

Es un gusto trabajar con este hilo DK sedoso y suave.

## ALTERNATIVAS DE HILO:

Fyberspates Scrumptious Silk DK

## TENSIÓN:

Haga una muestra de punto bajo de 10 cm$^2$ con 23 vueltas de 21 pts usando una aguja de 3,75 mm de calibre, o del tamaño necesario para obtener la tensión que se indica.

## NOTAS SOBRE EL PATRÓN:

- No cuente la c del comienzo de las vueltas como un punto.
- No dé la vuelta a la labor al final de las vueltas a menos que se le indique hacerlo así.

## PUNTOS ESPECIALES:

### Calado de la zapatilla

[PHA 2 veces, sáltese un punto, introduzca la aguja en el siguiente punto, PHA y haga pasar el hilo por el punto, (PHA y haga pasar el hilo por 2 puntos) 2 veces] 6 veces (7 puntos en

la aguja), PHA, haga pasar el hilo por todos los puntos de la aguja.

INSTRUCCIONES:

Haga 12 (13,15, 17) c.

**Vuelta 1:** 2pb en la 2.ª c desde la aguja, 9 (10, 12, 14) pb, 4pb en el último punto; dé la vuelta a la labor. Trabajando por el otro lado de la cadeneta, 9 (10, 12, 14) pb, 2pb en la primera cadeneta con 2pb. Una la vuelta. 26 (28, 32, 36) pb.

**Vuelta 2:** 1c, [2pb en pb] 2 veces, 9 (10, 12, 14) pb, [2 pb en pb] 4 veces, 9 (10, 12, 14) pb, [2 pb en pb] 2 veces. Una la vuelta. 34 (36, 40, 44) pb.

### SOLAMENTE para la talla de 0-6 meses

**Vuelta 3:** 1c, 3pb, 2pb en pb, 9 (—, —, —) pb, [2pb en pb, 1pb] 4 veces, 9 (—, —, —) pts, 2pb en pb, 3pb. Una la vuelta. 40 (—, —, —) pb.

### SOLAMENTE para las tallas de 6-12 meses, 1 año y 2 años

**Vuelta 3:** 1c, 3mpa, 2mpa en pb, — (10, 12, 14) mpa, [2mpa en pb, 1 mpa] 4 veces, — (10, 12, 14) mpa, 2mpa en pb, 3mpa. Una la vuelta. — (42, 46, 50) mpa.

### Para TODAS las tallas

**Vuelta 4:** 1c, 4pb, 2pb en el siguiente, 4 (5, 6, 7) pb, 5 (5, 6, 7) mpa, 2mpa en el siguiente, 5mpa, 2mpa en el siguiente, 4mpa, 2mpa en el siguiente, 5 (5, 6, 7) mpa, 4 (5, 6, 7) pb, 2pb en el siguiente, 4pb. Una la vuelta. 45 (47, 51, 55) pts.

**Vuelta 5:** 1c, 5pb, 2pb en pb, 4 (5, 6, 7) pb, 5 (5, 6, 7) mpa, 2mpa en mpa, 13mpa, 2mpa en mpa, 5 (5, 6, 7) mpa, 4 (5, 6, 7) pb, 2pb en el siguiente, 5pb. Una y dé la vuelta. 49 (51, 55, 59) pts.

### Parte superior

Con el LD hacia arriba, haga 1 (1, 2, 2) vueltas uniformes con pb. Una la vuelta.

**Vuelta 2 (2, 3, 3):** 1c, 16 (17, 19, 21) pb, [pb2j, 1pb] 6 veces, 15 (16, 18, 20) pb. Una la vuelta. 43 (45, 49, 53) pb.

Haga 1 (1, 2, 2) vuelta uniforme con pb. Una la vuelta.

**Vuelta 4 (4, 6, 6):** 2c, 15 (16, 18, 20) mpa, 2c, haga el calado de la zapatilla (*véase* la sección «Puntos especiales»), 2c, sáltese un punto, 15 (16, 18, 20) mpa. Una la vuelta. 31 (33, 37, 41) pts.

**Vuelta 5 (5, 7, 7):** 1c, trabajando sobre el elástico, 13 (14, 16, 18) pb, pb2j, [1pb en c] 2 veces, 1pb, [1pb en c] 2 veces, pb2j, 13 (14, 16, 18) pb. Una la vuelta. 33 (35, 39, 43) pb.

### Para abrochar

**Zapatilla 1:** dé la vuelta. 9 (10, 10, 11) pra, 20 (22, 24, 26) c, 1pra en el siguiente. Corte el hilo y entreteja los extremos sueltos.

**Zapatilla 2:** 9 (10, 10, 11) pra, 20 (22, 24, 26) c, 1pra en el siguiente. Corte el hilo y entreteja los extremos sueltos. Cosa el botón en el lado opuesto al de la presilla de c, a unos 2 puntos del calado de la zapatilla.

# MANOPLAS DE ERIZO

Estos mitones son posiblemente mi diseño favorito (no se lo digáis a los demás).

| Tamaño | Pequeño | Mediano | Grande |
|---|---|---|---|
| Circunferencia de la mano | 12 cm | 15 cm | 18 cm |
| Longitud de la mano | 14 cm | 16 cm | 18 cm |
| Cantidad de hilo | 72 m | 109 m | 153 m |

MATERIALES:
- Color principal (CP): 1 (1, 2) madejas de 25 g de Jamieson's Shetland Spindrift de 4 hebras (100% de lana Shetland), 105 m, marrón (Moorit, 108)
- Color de contraste (CC): 1 madeja de 25 g de Jamieson's Shetland Spindrift de 4 hebras (100% de lana Shetland), 105 m, beis (Mogit, 107)
- Aguja de ganchillo de 3 mm
- Aguja de ganchillo de 2,5 mm
- Aguja de bordar
- Una pequeña cantidad de hilo de bordar o de coser negro para los ojos y la nariz
- Marcador de puntos

COMENTARIOS SOBRE EL HILO:
Este hilo de 4 hebras viene directamente de las islas Shetland; hay más de 160 colores en la gama y su agradable textura tipo *tweed* es perfecta para esta labor.

ALTERNATIVAS DE HILO:
Rowan Fine Tweed

TENSIÓN:
Haga una muestra de mpa de 10 cm² con 10 vueltas de 24 pts usando una aguja de 3 mm de calibre, o del tamaño necesario para obtener la tensión que se indica.

PUNTOS ESPECIALES:
**Piña de varetas (PV)**
[PHA, introduzca la aguja en el punto, PHA y haga pasar el hilo por el punto] 4 veces. PHA y haga pasar el hilo por los 5 puntos que tiene en la aguja.

*Notas sobre el patrón: Este patrón se confecciona íntegramente en redondo en el estilo «amigurumi», sin costuras ni cadenetas de vuelta adicionales. Utilice un marcador de puntos para señalar el comienzo de cada vuelta. No dé la vuelta a la labor al final de cada vuelta.*

INSTRUCCIONES:

Con la aguja más grande y el CC, haga 1c, 6pb en un aro deslizado. (6) pb.

**Vuelta 1:** ★2pb en pb; repita desde ★ hasta el final. (12) pb.

**Vuelta 2:** 12pb.

**Vuelta 3:** ★1pb, 2pb en pb; repita desde ★ hasta el final. (18) pb.

**Vuelta 4:** 18pb.

**Vuelta 5:** ★2pb, 2pb en pb; repita desde ★ hasta el final. (24) pb.

**Vuelta 6:** 24pb.

Para la talla pequeña, corte el hilo y haga ahora la parte principal.

**SOLAMENTE para las tallas mediana y grande**

**Vuelta 7:** ★3pb, 2pb en pb; repita desde ★ hasta el final. (30) pb.

**Vuelta 8:** 30pb.

Para la talla mediana, corte el hilo y haga ahora la parte principal.

**SOLAMENTE para la talla grande**

**Vuelta 9:** ★4pb, 2pb en pb; repita desde ★ hasta el final. (36) pb.

**Vuelta 10:** 36 pb.

Corte el hilo y haga ahora la parte principal.

**Parte principal**
**Para TODOS los tamaños**

**Consejo:** cuando haga las vueltas impares, desplace el marcador de puntos a la izquierda al final de la vuelta para mantener las PV en línea con las de las vueltas anteriores. Una el CP.

**Vuelta 1:** 24 (30, 36) pb.

**Vuelta 2:** [1pb, 1PV] 6 (8, 9) veces, 1pb, 11 (13, 17) pa. 24 (30, 36) pts.

**Vueltas 3–8 (10, 12):** repita las vueltas 1–2. 24 (30, 36) pts.

**Para la manopla izquierda**

**Vuelta 9 (11, 13):** 13 (17, 19) pb, 6 (6, 7) c, sáltese 4 (4, 5), 7 (9, 12) pb. 20 (26, 31) pb.

**Para la manopla derecha**

**Vuelta 9 (11, 13):** 19 (25, 30) pb, 6 (6, 7) c, sáltese 4 (4, 5), 1pb. 20 (26, 31) pb.

**Vuelta 10 (12, 14):** [1pb, 1PV] 6 (8, 9) veces, pb hasta el final haciendo 1pb en cada una de las c de la vuelta anterior. 26 (32, 38) pts.

**Vuelta 11 (13, 15):** 26 (32, 38) pb.

**Vuelta 12 (14, 16):** 26 (32, 38) pa.

**Vueltas 13 (15, 17) – 16 (18, 20):** cambie por la aguja más pequeña, ★PaRpdl, PaRpdtr; repita desde ★ hasta el final. Corte el hilo y entreteja los extremos sueltos.

**Pulgar**

**Vuelta 1:** una el CP en el primer punto que se haya saltado para crear el orificio del pulgar, trabaje en los puntos que se haya saltado y luego en los espacios entre los pa del otro lado del orificio para el pulgar. 10 (10, 12) pb.

**Vueltas 2–4 (4, 5):** 10 (10, 12) pb.

**Vuelta 5 (5, 6):** [3 (3, 4) pb, pb2j] 2 veces. 8 (8, 10) pb.

**Vuelta 6 (6, 7):** [2 (2, 3) pb, pb2j] 2 veces. 6 (6, 8) pb.

**SOLAMENTE para la talla grande**

**Vuelta 8:** [2pb, pb2j] 2 veces. — (—, 6) pb.

**Para TODAS las tallas**

Corte el hilo dejando una cola de 15 cm. Utilice la cola de hilo y la aguja de tapicería para cerrar la parte superior del pulgar. Enhebre la aguja de coser con hilo de bordar negro y, fijándose en la foto, borde los ojos y la nariz con punto raso. Entreteja los extremos sueltos.

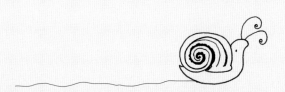

# CALENTADORES

Estos calentadores son ideales para la bailarina de *Flashdance* que todos llevamos dentro. También son excelentes para mantener abrigado el espacio que queda entre los pantalones y los calcetines.

*nivel intermedio*

| Tamaño | Recién nacido | Bebé | 1-3 años | 4 años o + |
|---|---|---|---|---|
| Circunferencia | 15 cm | 18 cm | 20 cm | 23 cm |
| Longitud | 18 cm | 19 cm | 20 cm | 23 cm |
| Cantidad de hilo | 193 m | 225,5 m | 273 m | 326 m |

## MATERIALES:

- 1 madeja de 100 g de Zitron Trekking XXL (75 % de lana superlavado, 25 % de poliamida), 420 m, color avena (Oatmeal, 215)
- Aguja de ganchillo de 3,25 mm
- Aguja de ganchillo de 3,75 mm
- Aguja de tapicería

## COMENTARIOS SOBRE EL HILO:

Se trata de un hilo de 4 hebras (grosor *fingering*) que, cuando se trabaja con una aguja de ganchillo ligeramente mayor de lo necesario, crea un tejido esponjoso y abrigado.

## ALTERNATIVAS DE HILO:

Regia Tweed de 4 hebras

## TENSIÓN:

Haga una pieza de punto hinchado cruzado de 10 cm² con 10 vueltas de 10 pts usando una aguja de 3,75 mm de calibre, o del tamaño necesario para obtener la tensión que se indica.

## PATRÓN DE MUESTRA

Haga 33c.

**Vuelta 1:** comenzando en la 7.ª c desde la aguja (cuenta como 3 pts de c y 3 puntos omitidos), 1mpa, 2c, 1 punto hinchado en el primer punto omitido, *sáltese 2 puntos, 1 mpa en el siguiente punto, 2c, punto hinchado en el mismo punto que el 1mpa anterior; repita desde * hasta el final. Una y dé la vuelta. (10) puntos hinchados.

**Vuelta 2-10:** 4c, sáltese 2, 1mpa, 2c, 1 punto hinchado en el mismo punto que el pra de unión de la vuelta anterior, *sáltese 2 puntos, 1mpa en el siguiente punto, 2c, punto hinchado en el mismo punto que el 1mpa anterior; repita desde * hasta el final. Una y dé la vuelta. (10) puntos hinchados cruzados.

## PUNTOS ESPECIALES

**Punto hinchado (PH)**

[PHA, introduzca la aguja en el punto y haga 1 punto] 2 veces (5 puntos en la aguja). PHA y haga pasar el hilo por 4 de los puntos que tiene en la aguja.

**Punto hinchado cruzado (PHC)**

Primer punto: 2c, sáltese 2 puntos, 1mpa en el siguiente punto, 2c, PH en la parte inferior de las 2c anteriores a los 2 puntos omitidos. (1) PHC.

Siguientes puntos: 2c, sáltese 2 puntos, 1 mpa en el siguiente punto, 2c, PH en el mismo punto que el mpa posterior a los 2 puntos que se ha saltado. (1) PHC.

**INSTRUCCIONES** (haga 2):

Con la aguja más pequeña, haga 46 (52, 60, 66) c. Una la vuelta.

**Vuelta 1:** 3c, 46 (52, 60, 66) pb. Una la vuelta. 46 (52, 60, 66) pa.

**Vueltas 2–3:** 3c, *PaRpdl, PaRpdtr; repita desde * hasta el final. Una la vuelta. 46 (52, 60, 66) pts.

**Vuelta 4:** 4c, sáltese 3 (3, 2, 2), 1mpa, 2c, 1PH en el mismo punto que el pra de unión de la vuelta anterior, *sáltese 2 puntos, 1mpa en el siguiente punto, 2c, PH en el mismo 1mpa del punto anterior; repita desde * hasta el final. Una. Dé la vuelta. 15 (17, 20, 22) PHC.

**Vueltas 5–15 (16, 17, 20):** 3c, 15 (17, 20, 22) CPH. Una y dé la vuelta a la labor. 15 (17, 20, 22) PHC.

**Vuelta 16 (17, 18, 21):** 3c, 4pa, *3pa, sáltese uno; repita desde * hasta el final. Una la vuelta. 46 (52, 60, 66) pa.

**Vueltas 17 (18, 19, 22) – 18 (19, 20, 23):** repita las vueltas 2–3.

Corte el hilo y entreteja los extremos sueltos.

*Notas sobre el patrón: No cuente las 3c del comienzo de la vuelta como un punto. No dé la vuelta a la labor al final de las vueltas cuando haga el canalé del puño. Dé la vuelta cuando haga el patrón de PHC.*

# COLA DE SIRENA

Los recién nacidos pasan gran parte del tiempo durmiendo. Una cola de sirena no solo los mantendrá abrigados, sino que quedará ideal en las fotos.

## MATERIALES:

- 1 madeja de 250 g de Cascade Eco+ (100% de lana peruana), 437 m, azul Pacífico (2433)
- Aguja de ganchillo de 5 mm
- Aguja de ganchillo de 5,5 mm
- Aguja de tapicería
- 2 botones (de 2,5 cm de diámetro)
- Marcador de puntos

## COMENTARIOS DOBRE EL HILO:

Se trata de un hilo que abriga mucho y es grueso, por lo que se teje con rapidez. El color tiene toques de plateado que recuerdan a los destellos del mar.

## ALTERNATIVAS DE HILO:

Wendy Mode Chunky

## TENSIÓN:

Haga una pieza de 10 cm$^2$ con 13 vueltas de canalé de punto bajo (14 pts) usando una aguja de 5 mm de calibre, o del tamaño necesario para obtener la tensión que se indica.

Haga una pieza de 10 cm$^2$ con 7 vueltas de punto de concha (2,5 pts) usando una aguja de 5,5 mm de calibre, o del tamaño necesario para obtener la tensión que se indica.

## PUNTOS ESPECIALES:

### Punto de concha (pc)

Vuelta base: sáltese 2 puntos, 5pa en el mismo punto, sáltese 2 pts, 1pb en el mismo punto.

Vueltas siguientes: 1pb en el 3.$^{er}$ pa de la concha, 5pa en pb.

### Disminución del punto de concha (dism pc)

5pa en pb de la vuelta anterior. Introduzca la aguja en el 3.$^{er}$ pa de la concha de la vuelta anterior, PHA y haga un punto. Introduzca la aguja en el siguiente pb, PHA, haga un punto, introduzca la aguja en 3.$^{er}$ pa de la siguiente concha, PHA y haga un punto. PHA y haga pasar el hilo por los 4 puntos que tiene en la aguja.

## NOTAS SOBRE EL PATRÓN:

Este saquito de dormir no solo es adorable, sino también práctico. Primero se hace la cinturilla, de canalé. Después se realiza el punto de concha directamente en el canalé: primero en vueltas normales y luego uniéndolas en redondo de arriba abajo. Para la cola se realizan una serie de aumentos y disminuciones antes de coserla para cerrarla y de crear las aletas.

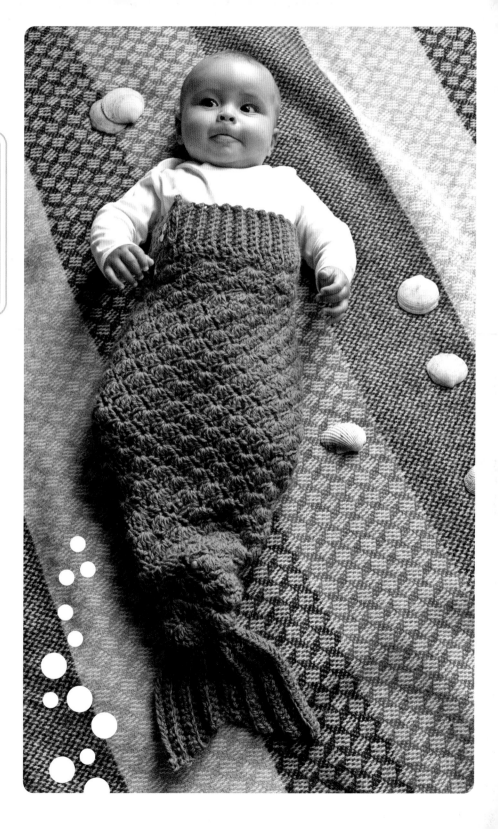

## INSTRUCCIONES:

### Cinturilla

Con la aguja más pequeña, haga 10c.

**Vuelta 1 (LD):** comenzando en la 2.ª c desde la aguja, 9pb. (9) pb.

**Vueltas 2–3:** 1c, 9pb en SPD. Dé la vuelta. (9) pb.

**Vuelta 4:** dé la vuelta, 1c, 1pb, 2c, sáltese 2 pts, 3pb en SPD, sáltese 2 pts, 1pb. (5) pb.

**Vueltas 5–6:** 1c, 9pb en SPD. Dé la vuelta. (9) pb.

**Vuelta 7:** dé la vuelta, 1c, 1pb en SPD, 2c, sáltese 2 pts, 3pb en SPD, sáltese 2 pts, 1pb en SPD, (5) pb.

**Vueltas 8–64:** 1c, 9pb en SPD. Dé la vuelta. (9) pb.

**Vuelta base de la cola:** sin cortar el hilo, dé la vuelta a la labor para poder trabajar por el canalé, con el LD mirando hacia arriba.

54pb, haciendo un punto en el final de cada vuelta durante 54 vueltas. (54) pb.

### Cola

**Vuelta 1:** con la aguja más grande, 1c, 1pb, 9pc, sáltese 2 puntos, 1pb. Dé la vuelta. (9) pc.

**Vuelta 2:** 3c (cuenta como 1pa), 2pa en el primer pb, 9pc, 3pa en el último pb. Dé la vuelta. (9) pc.

**Vuelta 3:** 1c, 1pb, 9pc. Dé la vuelta. (9) pc.

**Vuelta 4:** como la vuelta 2. No dé la vuelta. Ahora debe empezar a trabajar en redondo. Señale el comienzo de la vuelta con un marcador de puntos.

**Vuelta 1:** doble la labor por la mitad y pb en las primeras 3c de la vuelta anterior. Así unirá la labor para poder trabajar en redondo. ★2pc, [3pa, 1c, 1pb, 1c, 3pa] en el mismo punto; repita desde ★ hasta el final. (9) pc.

**Vuelta 2:** ★3pc, haga el pb del 3.ᵉʳ pc en el 2.º pa (central) del 1.ᵉʳ racimo que creó, 5pa en el siguiente pb, pb en el 2.º pa del siguiente racimo de pa; repita desde ★ hasta el final. (12) pc.

**Vueltas 3–21:** trabaje de manera uniforme en el patrón de punto de concha establecido haciendo 1pb en el 3.ᵉʳ pa del punto de concha de la vuelta anterior, 5pa en el siguiente pb de la vuelta anterior.

**Vuelta 22:** (dism 1pc, 4pc) 2 veces. (10) pc.

**Vueltas 23–24:** trabaje uniformemente en el patrón de punto de concha establecido.

**Vuelta 25:** (3pc, dism 1pc) 2 veces. (8) pc.

**Vueltas 26–27:** trabaje uniformemente en el patrón de punto de concha establecido.

**Vuelta 28:** (dism 1pc, 1pc) 2 veces. (6) pc.

**Vueltas 29–30:** trabaje uniformemente en el patrón de punto de concha establecido.

**Vuelta 31:** (1pc, dism 1pc) 2 veces. (4) pc.

**Vuelta 32:** trabaje uniformemente en el patrón de punto de concha establecido.

**Acabado:** alinee la cola de tal manera que la abertura de la cinturilla esté ligeramente descentrada. Aplane la labor. Cierre la cola por la parte inferior con pb. No corte el hilo.

### Aleta

Haga todos los pb de la aleta SPD.

Con la aguja más grande, 21c.

**Vuelta 1:** comenzando en la 2.ª c desde la aguja, 20pb hasta la cola. Una en el mismo punto donde empieza la c. Dé la vuelta. (20) pb.

**Vuelta 2:** pra en el siguiente pb de la cola (cuenta como punto). Dé la vuelta. (18) pb.

**Vuelta 3:** 1c, 11pb, pb2j, 5pb hasta la cola. Una en el mismo punto que el pra. Dé la vuelta. (17) pb.

**Vuelta 4:** pra en el siguiente pb de la cola (cuenta como punto), 5pb, pb2j, pb. Dé la vuelta. (15) pb.

**Vuelta 5:** 1c, 9pb, pb2j, 3pb hasta la cola. Una en el mismo punto que el pra. Dé la vuelta. (13) pb.

**Vuelta 6:** pra en el siguiente pb de la cola (cuenta como punto), 3pb, pb2j, 8pb. Dé la vuelta. (12) pb.

**Vuelta 7:** 1c, 7pb, pb2j, 3pb hasta la cola. Una en el mismo punto que el pra. Corte el hilo. (11) pb.

Una el hilo en el lado opuesto al final de la cola. Repita las vueltas 1-7 de la aleta. No corte el hilo. Una las 2 mitades de la aleta con pra.

Corte el hilo y entreteja los extremos sueltos.

### Botones

Los botones se cosen aproximadamente a 1 cm del borde, en el extremo del canalé donde no están los ojales. Utilice los ojales como guía para colocarlos. Los botones permitirán ampliar la cinturilla del saquito de dormir a medida que el bebé crezca.

# TUTÚ

Hay ciertas prendas que pueden ponerse los peques pero están vedadas para los adultos. Una de ellas es el tutú.

*nivel intermedio*

| Tamaño | 1 año | 2 años | 4 años | 6 años |
|---|---|---|---|---|
| Cintura acabada | 53 cm | 54,5 cm | 56 cm | 58 cm |
| Longitud acabada | 16 cm | 18 cm | 25 cm | 28 cm |
| Cantidad de hilo | 485 m | 506 m | 666 m | 713 m |

**MATERIALES:**

- 6 (6, 8, 8) madejas de 50 g de Sirdar Snuggly Baby Bamboo DK (80% de bambú, 20% de algodón) 95 m, malva (Flip Flop, 125)
- 54 (55, 57,58) cm de cinta elástica de 2 cm de anchura con los extremos cosidos para la cinturilla
- Aguja de ganchillo de 4 mm
- Aguja de tapicería
- Marcador de puntos

**COMENTARIOS SOBRE EL HILO:**

Baby Bamboo es uno de mis hilos favoritos para bebés y niños de 1 a 3 años. Es muy agradable trabajar con él y se lava muy bien. Si a esto le añadimos el brillo y la opulencia del bambú, el resultado es un hilo DK realmente bonito.

**ALTERNATIVAS DE HILO:**

Rowan Baby Silk Merino DK
Fyberspates Scrumptious DK

**TENSIÓN:**

Haga una muestra de pb de 10 cm² con 23 vueltas de 17 pts usando una aguja de 4 mm de calibre, o del tamaño necesario para obtener la tensión que se indica.

*Notas sobre el patrón: No cuente la cadeneta del principio de la vuelta como un punto. No dé la vuelta a la labor al final de cada vuelta.*

INSTRUCCIONES:

90 (92, 94,98) c. Una la vuelta.

**Cinturilla**

**Vueltas 1–17:** 1c, 90 (92, 94, 98) pb.
Una la vuelta. 90 (92, 94, 98) pb.

**Vuelta 18:** doble la cinturilla por la mitad
con los bordes largos alineados. Introduzca
la cinta elástica por la abertura. Trabajando
en las 4 hebras de los puntos, cierre la
cinturilla con pb y deje el elástico dentro.

**Falda**

**Vuelta 19:** (resulta útil emplear un marcador
de puntos para encontrar los puntos de atrás
cuando se vaya a trabajar en los volantes).
Trabajando SPD en la vuelta anterior, 1c,
★1pb, 2pb en pb; repita desde ★ hasta el final.
Una la vuelta. 135 (138, 141, 147) pb.

**Vueltas 20–33 (36, 39, 42):** 1c, 1pb en cada
punto hasta el final. Una la vuelta. 135 (138,
141, 147) pb.

**Volantes**

**Vuelta 34 (37, 40, 43):** corte el hilo y vuelva
a unirlo en los puntos de atrás del principio
de la vuelta, donde trabajó la falda SPD.
Trabajando SPT, 1c, 90 (92, 94, 98) pb. Una
la vuelta. 90 (92, 94, 98) pb.

**Vueltas 35 (38, 41, 44) − 39 (43, 47, 51):**
1c, 90 (92, 94, 98) pb. Una la vuelta. 90 (92,
94, 98) pb.

Repita las vueltas 19–39 (43, 47, 51) 2 (2, 3,
3) veces.

Repita las vueltas 19–33 (36, 39, 42) una vez.
Entreteja los extremos sueltos.

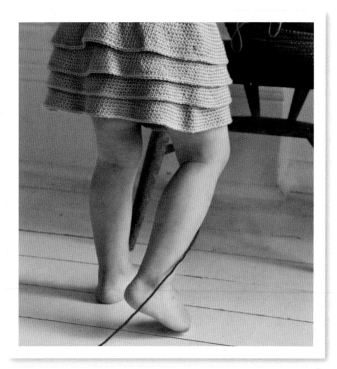

# CUERPO ENTERO

Rebeca con ochos
Chaleco de profesor
Jersey sin mangas de arcoíris
Vestido de abedul plateado
Chaqueta de lobo

# REBECA CON OCHOS

El detalle ondulado de los ochos de esta chaqueta aporta un toque de elegancia e interés a una prenda básica del armario infantil.

*nivel intermedio*

| Tamaño | Recién nacido | 0-6 meses | 6-12 meses | 1 año |
|---|---|---|---|---|
| Circunferencia de pecho | 48,5 cm | 50 cm | 56 cm | 60 cm |
| Cantidad de hilo | 199 m | 217 m | 279 m | 319 m |

**MATERIALES:**

- 2 (3, 3,4) madejas de 50 g de Sirdar Snuggly Baby Bamboo DK (80% de bambú, 20% de lana), 95 m, gris cálido (170)
- 6 (7, 7, 8) botones (aproximadamente de 0,5 cm de diámetro)
- Aguja de ganchillo de 4 mm
- Aguja de tapicería
- Aguja de coser
- Hilo

**COMENTARIOS SOBRE EL HILO:**

Este bonito y sedoso hilo DK, mezcla de bambú y lana, es elegante y lavable; perfecto para la ropa infantil.

**ALTERNATIVAS DE HILO:**

King Cole Bamboo Cotton DK
Sublime Baby Silk and Bamboo Yarn DK

**TENSIÓN:**

Haga una muestra de pb de 10 cm² con 23 vueltas de 17 pts usando una aguja de 4 mm de calibre, o del tamaño necesario para obtener la tensión que se indica.

*Notas sobre el patrón: Primero se crean los ochos; luego las disminuciones desde los ochos hasta el cuello, y después se empieza con el pecho y las mangas alrededor de la parte inferior de los ochos.*

## INSTRUCCIONES:

### Ochos

Haga 10c.

**Vuelta 1 (LD):** comenzando en la 4.ª c desde la aguja, 7pa. Dé la vuelta. (8) pts.

**Vuelta 2:** 3c (cuenta como un punto), 6PaRpdtr, 1pa. Dé la vuelta. (8) pts.

**Vuelta 3:** 3c, sáltese 3, 3PaRpdl en los 3 puntos que se ha saltado, 1pa en el último punto. Dé la vuelta. (8) pts.

**Vuelta 4:** repita la vuelta 2.

**Vuelta 5:** 3c, 6 PaRpdl, 1pa. Dé la vuelta. (8) pts.

Haga las vueltas 2–5 18 (20, 21, 22) veces.

### Disminuciones desde los ochos hasta el cuello

No cuente las cadenetas del principio de la vuelta como un punto a menos que se le indique.

Dé la vuelta a la labor para poder trabajar a lo largo del borde largo, con el LR mirando hacia arriba.

**Vuelta 1 (LR):** 1c, 1pb en el final de cada vuelta. Dé la vuelta. 72 (80, 84, 88) pb.

**Vuelta 2:** 1c, — (2, —, 4) pb, [10 (11, 12, 12) pb, pb2j] 6 veces. Dé la vuelta. 66 (74, 78, 82) pb.

**Vuelta 3:** 1c, — (2, —, 4) pb, [9 (10, 11, 11) pb, pb2j] 6 veces. Dé la vuelta. 60 (68, 72, 76) pb.

**Vuelta 4:** 1c, — (2, —, 4) pb, [8 (9, 10, 10) pb, pb2j] 6 veces. Dé la vuelta. 54 (62, 66, 70) pb.

**Vuelta 5:** 1c, — (2, —, 4) pb, [7 (8, 9, 9) pb, pb2j] 6 veces. Dé la vuelta. 48 (56, 60, 64) pb.

**Vuelta 6:** 1c, — (2, —, 4) pb, [6 (7, 8, 8) pb, pb2j] 6 veces. Dé la vuelta. 42, (50, 54, 58) pb.

**Vuelta 7:** 1c, — (2, —, 4) pb, [5 (6, 9, 9) pb, pb2j] 6 veces. Dé la vuelta. 36 (44, 48, 52) pb.

Para la talla de recién nacido, haga ahora la vuelta 9.

### SOLAMENTE para las tallas de 0–6 meses, 6–12 meses y 1 año

**Vuelta 8:** 1c, — (2, —, 4) pb, [— (5, 8, 8) pb, pb2j] 6 veces. Dé la vuelta. — (38, 42, 46) pb.

### Para TODAS las tallas

**Vuelta 9:** 2c (cuenta como 1 punto), [sáltese 1, pa en el siguiente, pa en el punto que se ha saltado], repita 17 (18, 20, 22) veces, pa en el último punto. Dé la vuelta. 36 (38, 42, 46) pa.

Corte el hilo. Dele la vuelta a la labor y vuelva a unir el hilo en el lado largo de la parte inferior de los ochos, con el LR hacia arriba.

### Pecho

**Vuelta 1 (LR):** 1c (no cuenta como punto), trabajando en el final de cada vuelta [1pb, 2pb en el siguiente] 36 (40, 42, 44) veces. Dé la vuelta. 108 (120, 126, 132) pb.

**Vuelta 2:** 1c, pb hasta el final, aumente 10 (—, 6, 8) puntos espaciados uniformemente a lo largo de la vuelta. Dé la vuelta. 118 (120, 132, 140) pb.

### Dividir el cuerpo y las mangas

**Vuelta 3:** 1c, 17 (17, 20, 21) pb, 6 (7, 8, 8) pbpdl, sáltese 24 (25, 26, 28), 36 (36, 40, 42) pb, 6 (7, 8, 8) pbpdl, sáltese 24 (25, 26, 28), 17 (17, 20, 21) pb. Dé la vuelta. 82 (84, 96, 100) pts.

**Vueltas 4–26 (28, 32, 34):** 1c, 82 (84, 96, 100) pb. Dé la vuelta.

### Borde

**Vuelta 1:** 2c, ★sáltese 1, pa en la siguiente, pa en el punto sin trabajar; repita 40 (41, 47, 49) veces, pa en el último punto. 82 (84, 96, 100) pa.

**Vuelta 2:** 1c, 82 (84, 96, 100) pb. Dé la vuelta.

**Vuelta 3:** 2c, 82 (84, 96, 100) pb. Dé la vuelta.

**Vuelta 4:** 2c, ★PaRpdl, PaRpdtr; repita desde ★ hasta el final.

Corte el hilo y entreteja los extremos sueltos.

### Mangas (haga 2)

Con el LD hacia arriba, vuelva a unir el hilo en medio de los pbpdl que hizo para las sisas.

**Vuelta 1 (LD):** 24 (26, 34, 36): 1c, 30 (31, 34, 36) pb. Una y dé la vuelta. 30 (31, 34, 36) pb.

### Borde de las mangas

**Vuelta 1:** 2c (cuenta como 1 punto), ★sáltese 1, pa en la siguiente, pa en el punto sin trabajar; repita 14 (15, 16, 17) veces. Solamente para las tallas de 0-6 meses, 6-12 meses y 1 año: pa en el último punto. Dé la vuelta. 30 (31, 34, 36) pb.

**Vuelta 2:** 1c, 30 (31, 34, 36) pb. Una y dé la vuelta.

**Vuelta 3:** 2c, 29 (30, 33, 35) pa. Una y dé la vuelta.

**Vuelta 4:** 2c (cuenta como 1 punto) ★PaRpdl, PaRpdtr, repita desde ★ hasta el final. Corte el hilo y entreteja los extremos sueltos.

### Ojales

Para las prendas de niño, los ojales van en el lado derecho, y para las de niñas, en el lado izquierdo.

**Vuelta 1:** una el hilo en el borde frontal de la prenda con el LD hacia arriba y en el lado donde quiera hacer los ojales. Haga 1pb en el final de cada vuelta de pb, 2pb en el final de cada vuelta de pa y 1 punto en cada punto de la sección de los ochos hasta el cuello. Dé la vuelta. 48 (51, 55, 57) pb.

**Vuelta 2 (LR):** 1c, 3 (1, 3, 1) pb, ★1c, sáltese 1, 5pb; repita desde ★ hasta el final 6 (7, 7, 8) veces, 2 (1, 3, 1) pb, 42 (44, 48, 49) pb. Corte el hilo y entreteja los extremos sueltos.

### Tira para los botones

**Vuelta 1:** una el hilo en el borde frontal de la prenda y en el lado opuesto al de los ojales. Haga 1pb en el final de cada vuelta de pb, 2pb en el final de cada vuelta de pa y 1 punto en cada punto de la sección de los ochos hasta el cuello. Dé la vuelta. 48 (51, 55, 57) pb.

**Vuelta 2:** 1c, 41 (44, 48, 50) pb. Corte el hilo y entreteja los extremos sueltos. Usando los ojales como guía, cosa los botones en su sitio con una aguja e hilo de coser.

# CHALECO DE PROFESOR

Los chalecos con ochos y cuellos de chal se cuentan entre mis prendas favoritas, tanto para tejer como para vestir. Me encanta el aspecto de señores mayores en miniatura que dan a los peques. Además, son prácticos, pues les abrigan el cuerpo y el cuellecito.

## nivel intermedio

| Tamaño | 0-6 meses | 6-12 meses | 1 año | 2 años | 4 años | 6 años |
|---|---|---|---|---|---|---|
| Pecho final | 47 cm | 52 cm | 54 cm | 57 cm | 64 cm | 69 cm |
| Longitud final | 24 cm | 26 cm | 28 cm | 30 cm | 32 cm | 36 cm |
| Cantidad de hilo | 281 m | 339 m | 404 m | 451 m | 497 m | 611 m |

MATERIALES:

- 3 (3, 4, 4, 5, 6) madejas de 50 g de Sublime Extra Fine Merino Wool DK (100 % de lana de merino), 116 m, moca (020)
- Aguja de ganchillo de 4 mm
- 4 botones (de 2,5 cm de diámetro)
- Aguja de tapicería

COMENTARIOS SOBRE EL HILO:

Se trata de un hilo suntuoso que crea un punto muy definido. Esta lana de merino DK superlavado representa la combinación perfecta de lujo y comodidad.

ALTERNATIVAS DE HILO:
Wendy Merino DK
MillaMia Naturally Soft Merino

TENSIÓN:

Haga una muestra de 10 cm² con 14 vueltas de punto canasta (*véase* la sección de «Puntos especiales») usando una aguja de 4 mm de calibre, o del tamaño necesario para obtener la tensión que se indica.

Haga una muestra de 10 cm² con 20 vueltas de canalé de pb (*véase* la sección de «Puntos especiales») usando una aguja de 4 mm de calibre, o del tamaño necesario para obtener la tensión que se indica.

## PUNTOS ESPECIALES:

### Punto de canasta

El punto de canasta se crea con grupos sucesivos de 4PaRpdl y 4PaRpdr, de modo que se crean secciones que sobresalen y que retroceden de manera alterna en los 2 lados del tejido. Tras 4 vueltas de dar relieve a los puntos por un lado, alterne la dirección de los puntos en relieve para que sobresalgan por el otro lado de la labor.

Para múltiplos de ocho puntos:

**Vuelta 1:** ★4PaRpdl, 4PaRpdr; repita desde ★ hasta el final. Dé la vuelta.

**Vuelta 2:** ★4PaRpdl, 4PaRpdr; repita desde ★ hasta el final. Dé la vuelta.

**Vuelta 3:** repita la vuelta 1.

**Vuelta 4:** repita la vuelta 2.

**Vuelta 5:** repita la vuelta 2.

**Vuelta 6:** repita la vuelta 1.

**Vuelta 7:** repita la vuelta 2.

**Vuelta 8:** repita la vuelta 1.

Repita las vueltas 1–8.

### Canalé de punto bajo

Vueltas de pb SPT.

## NOTAS SOBRE EL PATRÓN:

• Mantenga el patrón de puntos en toda la prenda.

• No cuente las cadenetas del comienzo de la vuelta como puntos.

## INSTRUCCIONES:

Haga 50 (54, 58, 62, 66, 74) c.

**Vuelta 1 (LR):** comenzando en la 3.ª c desde la aguja, 48 (52, 56, 60, 64, 72) pa. Dé la vuelta. 48 (52, 56, 60, 64, 72) pts.

**Vueltas 2–5 (5, 7, 7, 7, 9):** 2c, trabaje con punto de canasta. Dé la vuelta. 48 (52, 56, 60, 64, 72) pts.

**Vueltas 6 (6, 8, 8, 8, 10) – 13 (13, 15, 15, 17, 19):** 2c, 28 (32, 36, 36, 40, 44) puntos con el patrón de canasta. Dé la vuelta. 28 (32, 36, 36, 40, 44) pts.

**Vuelta 14 (14, 16, 16, 18, 20):** 2c, 28 (32, 36, 36, 40, 44) puntos con el patrón de canasta. 22 (22, 22, 26, 26, 30) c. Dé la vuelta. 28 (32, 36, 36, 40, 44) pts.

**Vuelta 15 (15, 17, 17, 19, 21):** comenzando en la 3.ª c desde la aguja, haga 20 (20, 20, 24, 24, 28) pa en la cadeneta, continúe con punto de canasta. Dé la vuelta. 48 (52, 56, 60, 64, 72) pts.

**Vueltas 16 (16, 18, 18, 20, 22) – 19 (19, 23, 23, 25, 29):** 2c, trabaje con punto de canasta. Dé la vuelta. 48 (52, 56, 60, 64, 72) pts.

**Vuelta 20 (20, 24, 24, 26, 30):** 4pra, 2c, trabaje con punto de canasta. Dé la vuelta. 44 (48, 52, 56, 60, 68) pts.

**Vueltas 21 (21, 25, 25, 27, 31) – 31 (35, 37, 39, 43, 47):** 2c, trabaje con punto de canasta. Dé la vuelta. 44 (48, 52, 56, 60, 68) pts.

**Vuelta 32 (36, 38, 40, 44, 48):** 2c, trabaje con punto de canasta, 6c, 44 (48, 52, 56, 60, 68) pts.

**Vuelta 33 (37, 39, 41, 45, 49):** comenzando en la 3.ª c desde la aguja, haga 4mpa en la cadeneta, continúe con punto de canasta. Dé la vuelta. 48 (52, 56, 60, 64, 72) pts.

**Vueltas 34 (38, 40, 42, 46, 50) – 37 (41, 45, 47, 51, 57):** 2c, trabaje con punto de canasta. Dé la vuelta. 48 (52, 56, 60, 64, 72) pts.

**Vueltas 38 (42, 46, 48, 52, 58) – 45 (49, 53, 55, 61, 67):** 2c, 28 (32, 36, 36, 40, 44) puntos con el patrón de canasta. Dé la vuelta. 28 (32, 36, 36, 40, 44) pts.

**Vuelta 46 (50, 54, 56, 62, 68):** 2c, 28 (32, 36, 36, 40, 44) puntos con el patrón de canasta. 22 (22, 22, 26, 26, 30) c. Dé la vuelta. 28 (32, 36, 36, 40, 44) pts.

**Vuelta 47 (51, 55, 57, 63, 69):** comenzando en la 3.ª c desde la aguja, haga 20 (20, 20, 24, 24, 28) pa en la cadeneta, continúe con el punto de canasta. Dé la vuelta. 48 (52, 56, 60, 64, 72) pts.

**Vueltas 48 (52, 56, 58, 64, 70) – 51 (55, 61, 63, 69, 77):** 2c, punto de canasta. Dé la vuelta. 48 (52, 56, 60, 64, 72) pts.

Corte el hilo y entreteja los extremos sueltos.

### Coser

Coloque la pieza acabada estirada, con el LD mirando hacia arriba (el borde de cadeneta inicial a la derecha, los hombros arriba). Doble hacia dentro los bordes exteriores de modo que se alineen con las «tiras» de los hombros. Pb para cerrar las costuras, entreteja los extremos sueltos. Dele la vuelta a la prenda.

### Borde de canalé del cuello

Vuelva a unir el hilo en la esquina inferior frontal de la pieza (en el borde con la cadeneta inicial si la prenda es para una niña, y en la última vuelta si es para un niño). Haga 1pb en el final de cada vuelta de los lados del chaleco y alrededor de la línea del escote para crear una base uniforme donde trabajar el canalé. 121 (131, 139, 149, 157, 173) pb. Haga 17 (19, 21, 25, 23, 27) c.

**Vuelta 1:** comenzando en la 2.ª c desde la aguja, 16 (18, 20, 24, 22, 26) pb, 1pra en el primer pb del borde de pb de la solapa. Dé la vuelta. 16 (18, 20, 24, 22, 26) pb.

**Vuelta 2:** 1pra en el siguiente pb de la solapa (cuenta como punto). 16 (18, 20, 24, 22, 26) pb SPT. Dé la vuelta. 16 (18, 20, 24, 22, 26) pb.

**Vuelta 3:** 1c, 16 (18, 20, 24, 22, 26) pb SPT. Pra en el primer pb del borde de pb de la solapa. Dé la vuelta. (18, 20, 24, 22, 26) pb.

**Vueltas 4–121 (131, 139, 149, 157, 173):** repita las vueltas 2–3. Trabaje el ojal en las vueltas 6 (8, 8, 8, 10, 10) y 18 (20, 20, 20, 22, 22) del modo siguiente:

Pra en el siguiente pb de la solapa (cuenta como punto), 3 (4, 4, 6, 5, 6) pb SPT, 3c, sáltese 3, (4, 6, 6, 6, 8) pb SPT, 3c, sáltese 3, (4, 4, 6, 5, 6) SPT. Dé la vuelta. 10 (12, 14, 18, 16, 20).

# JERSEY SIN MANGAS DE ARCOIRIS

Esta prenda tan divertida se hace rápidamente y resulta muy llamativa, con sus formas geométricas y sus colores vivos. Está confeccionada de tal modo que primero puede ser un vestido y convertirse en jersey a medida que la niña crezca.

*nivel intermedio*

| Tamaño | 0-6 meses | 6-12 meses | 1 año | 2 años | 4 años | 6 años |
|---|---|---|---|---|---|---|
| Pecho final | 52 cm | 56 cm | 59 cm | 61 cm | 68 cm | 7 cm |
| Longitud final | 32 cm | 33 cm | 34 cm | 36 cm | 38 cm | 41 cm |
| Cantidad de hilo | 231 m | 263 m | 298 m | 323 m | 385 m | 427 m |

MATERIALES:
- Color principal (CP): 3 (4, 4, 4, 5, 6) madejas de 50 g de Rico Creative Cotton Aran (100% de algodón), 85 m, gris ratón (28)
- Color A: 1 madeja de 50 g de Rico Creative Cotton Aran (100% de algodón), 85 m, rojo (05)
- Color B: 1 madeja de 50 g de Rico Creative Cotton Aran (100% de algodón), 85 m, naranja (74)
- Color C: 1 madeja de 50 g de Rico Creative Cotton Aran (100% de algodón), 85 m, amarillo plátano (63)
- Color D: 1 madeja de 50 g de Rico Creative Cotton Aran (100% de algodón), 85 m, verde (49)
- Color E: 1 madeja de 50 g de Rico Creative Cotton Aran (100% de algodón), 85 m, azul (Royal, 39)
- Aguja de ganchillo de 5 mm
- Aguja de ganchillo de 4,5 mm
- Marcador de puntos
- Aguja de tapicería

COMENTARIOS SOBRE EL HILO:
Los colores de esta asequible gama de hilo de algodón son tan vivos que es difícil elegir solo uno...

ALTERNATIVAS DE HILO:
Knit Picks Simply Cotton Worsted Yarn

TENSIÓN:
Haga una muestra de punto *tweed* de 10 cm² con 16 vueltas de 8,25 pts usando una aguja de 5 mm de calibre, o del tamaño necesario para obtener la tensión que se indica.

PUNTOS ESPECIALES:
**Punto *tweed***
**Vuelta base:** 1c, ★1pb, 1c, sáltese 1; repita desde ★ hasta el final.
**Resto de las vueltas:** 1c, ★1pb en el espc, 1c; repita desde ★ hasta el final.

NOTAS SOBRE EL PATRÓN:
• No cuente las cadenetas del comienzo de la vuelta como puntos.
• No dé la vuelta a la labor al final de las vueltas.

INSTRUCCIONES:
**Canesú**
Con la aguja de ganchillo más grande, haga 56 (60, 64, 68, 72, 76) c. Una la vuelta con pra.
**Vuelta 1:** 2c, 56 (60, 64, 68, 72, 76) mpa. Una la vuelta.
**Vuelta 2:** 2c, [3 mpa, 2 mpa en mpa] 14 (15,16, 17, 18, 19) veces. Una la vuelta. 70 (75, 80, 85, 90, 95) mpa.
**Vuelta 3:** 2c, 70 (75, 80, 85, 90, 95) mpa. Una la vuelta.

**Vuelta 4:** 2c, [4 mpa, 2 mpa en mpa] 14 (15, 16, 17, 18, 19) veces. Una la vuelta. 84 (90, 96, 102, 108, 114) mpa.

Para las tallas de 0–6 meses y 6–12 meses, haga ahora la vuelta 1 del cuerpo.

**SOLAMENTE para las tallas de 1, 2, 4 y 6 años**
**Vuelta 5:** 2c, — (—, 96, 102, 108, 114) mpa. Una la vuelta.

Para las tallas de 1 año y 2 años, haga ahora la vuelta 1 del cuerpo.

**SOLAMENTE para las tallas de 4 y 6 años**
**Vuelta 6:** 2c, [5mpa, 2mpa en mpa] — (—, —, —, 18, 18) veces. — (—, —, —, 0, 6) mpa. Una la vuelta. — (—, —, —, 126, 132) mpa.

**Cuerpo**
**Vuelta 1 (esta vuelta se hace SPT):** continuando con el CP, 1c, [1pb, 1c, sáltese 1] 14 (15, 16, 17, 21, 22) veces, haga 12 (14, 14, 14, 12, 14) pbpdl, sáltese 14 (15, 16, 17, 21, 22), [1pb, 1c, sáltese 1] 14 (15, 16, 17, 21, 22) veces, haga 12 (14, 14, 14, 12, 14) pbpdl, sáltese 14 (15, 16, 17, 21, 22). Una la vuelta. Corte el hilo. 52 (58, 60, 62, 66, 72) pb.
**Vuelta 2:** una el color A y marque el comienzo de la vuelta con un marcador de puntos, 1c, [1pb, 1c, sáltese 1] 6 (7, 7, 7, 6, 7) veces, [1pb en el espc, 1c] 14 (15, 16, 17, 21, 22) veces, [1pb, 1c, sáltese 1] 6 (7, 7, 7, 6, 7) veces, [1pb en el espc, 1c] 14 (15, 16, 17, 21, 22) veces. Una la vuelta. Corte el hilo. 40 (44, 46, 48, 54, 58) pb.

**Vuelta 3:** cambie al CP, 1c, [1pb, 1c, 1pb] en el mismo espc, 1c, [1pb en el espc, 1c] 20 (22, 23, 24, 27, 29) veces, [1pb, 1c, 1pb] en el mismo espc, 1c, [1pb en el espc, 1c] 20 (22, 23, 24, 27, 29) veces. Una la vuelta. Corte el hilo. 42 (46, 48, 50, 56, 60).
**Vuelta 4:** cambie el color por el B: 1c, trabaje con punto *tweed*. Una la vuelta. Corte el hilo. 42 (46, 48, 50, 56, 60) pts.
**Vueltas 5–43 (45, 47, 49, 51, 53):** repita la vuelta 4 cambiando los colores del patrón. El patrón de colores de esta sección es como sigue:
**Vuelta 5:** CP
**Vuelta 6:** color C
**Vuelta 7:** CP
**Vuelta 8:** color D
**Vuelta 9:** CP
**Vuelta 10:** color E
**Vuelta 11:** CP
**Vuelta 12:** color A
**Vuelta 13:** CP
**Vuelta 14:** color B
Repita como se indica.
**Vueltas 44 (46, 48, 50, 52, 54) – 47 (49, 52, 54, 57, 59):** cambie la aguja por la más pequeña, 2c, 1mpa en cada espc y cada pb, 84 (92, 96, 100, 112, 120) mpa. Una la vuelta. Corte el hilo y entreteja los extremos sueltos.

# VESTIDO DE ABEDUL PLATEADO

Este vestido con canesú está inspirado en los bosques escoceses en primavera, aunque se puede hacer de distintos modos para cada estación. El patrón de las mangas y el vestido me recuerda a la luz moteada que se escurre entre las ramas de los árboles.

*nivel intermedio*

| Tamaño | 3 meses | 6 meses | 1 año | 2 años | 4 años | 6 años |
|---|---|---|---|---|---|---|
| Pecho final | 48 cm | 51 cm | 53 cm | 56 cm | 62 cm | 68,5 cm |
| Longitud final | 30,5 cm | 33 cm | 34 cm | 37 cm | 39 cm | 42 cm |
| Cantidad de hilo para el canesú | 90 m | 105 m | 125 m | 140 m | 170 m | 195 m |
| Cantidad de hilo para el cuerpo | 275 m | 340 m | 365 m | 415 m | 510 m | 620 m |

## MATERIALES

**Para un vestido de un solo tono**

- ◉ 2 (2, 2, 3, 3, 4) madejas de 100 g de Yarn Love Amy March (100% de lana de merino superlavado), 247 m, gris (Earl Grey)

**Para un vestido de varios colores**

- ◉ Canesú: 1 madeja de 100 g de Yarn Love Amy (100% de lana de merino superlavado), 247 m, Bouquet
- ◉ Cuerpo y mangas: 3 (3, 3, 4, 5, 5) madejas de 50 g de Rowan Pure Wool DK (100% de lana superlavado), 125 m, color tierra (Earth, 018)
- ◉ 2 botones (de 2,5 cm de diámetro)
- ◉ Aguja de tapicería
- ◉ Aguja de ganchillo de 4 mm

## COMENTARIOS SOBRE EL HILO:

Este hilo de lana de merino superlavado, bellamente teñido a mano, es una bonita opción para confeccionar un vestido o crear un detalle superior especial en un vestido hecho con una lana más corriente.

## ALTERNATIVAS DE HILO:

King Cole Merino Blend DK

Patons Merino DK

## TENSIÓN:

Haga una muestra de canalé pb (por el punto de atrás) de 10 cm² con 20,5 vueltas de 17,5 pts usando una aguja de 4 mm de calibre, o del tamaño necesario para obtener la tensión que se indica.

Haga una muestra de punto angular de 10 cm² con 15,5 vueltas de 7,5 pts usando una aguja de 4 mm de calibre, o del tamaño necesario para obtener la tensión que se indica.

## PUNTOS ESPECIALES:

**Punto angular (PAng)**

Haga (pb, 2ch, pb) en el espacio entre 2c de la vuelta anterior.

**Aumento con punto angular**

(pb, 2c, pb, pb, 2c, pb) en el espacio entre 2c de la vuelta anterior. 1 aumento de punto angular.

*Notas sobre el patrón:* Este patrón se trabaja desde la parte superior hacia abajo. Las mangas se unen después de que el cuerpo esté hecho. No tiene costuras. Para que el canesú quede bonito y redondeado, disperse los puntos de aumento en lugar de hacerlos siempre en el mismo sitio.

## INSTRUCCIONES:

### Canesú

En esta sección, no cuente la c del comienzo de la vuelta como un punto. Usando la lana indicada para la parte superior, haga 44 (48, 49, 51, 55, 59) c. Dé la vuelta a la labor.

**Vuelta 1 (LD):** comenzando en la 2ª. c desde la aguja, 43 (47, 48, 50, 54, 58) pb. Dé la vuelta. 43 (47, 48, 50, 54, 58) pb.

**Vueltas 2–4:** 1c, trabaje SPT, pb hasta el final, aumente 5 (5, 4, 4, 4, 4) pts de manera uniforme a lo largo de la vuelta (aumente haciendo 2pb en pb). Dé la vuelta. 58 (62, 60, 62, 66, 70) pb.

**Vuelta 5:** 1c, trabaje SPT, 1pb, 2c, sáltese 2, pb hasta el final, aumente 5 (5, 4, 4, 4, 4) pts de manera uniforme a lo largo de la vuelta (aumente haciendo 2pb en pb). Dé la vuelta. 61 (65, 62, 64, 68, 72) pb.

**Vuelta 6:** 1c, trabaje SPT, pb en los puntos omitidos, aumente 5 (5, 4, 4, 4, 4) pts de manera uniforme a lo largo de la vuelta, 2pb en el espc, 1pb. Dé la vuelta. 68 (72, 68, 70, 74, 78) pb.

**Vueltas 7–12:** como la vuelta 2. 98 (102, 92, 94, 98, 102) pb.

### SOLAMENTE para las tallas de 3 y 6 meses

**Vuelta 13:** como la vuelta 5. 101 (105, —, —, —, —) pb.

**Vuelta 14:** como la vuelta 6. 108 (112, —, —, —, —) pb.

**Vueltas 15–16:** como la vuelta 2. 118 (122, —, —, —, —) pb.

### SOLAMENTE para la talla de 3 meses

Corte el hilo y entreteja los hilos sueltos.

### SOLAMENTE para la talla de 6 meses

**Vueltas 17–18:** como la vuelta 2. — (132, —, —, —, —) pb.

Corte el hilo y entreteja los extremos sueltos.

## SOLAMENTE para las tallas de 1 y 2 años

**Vueltas 13–16:** como la vuelta 2. — (—, 108, 110, —, —) pb.

**Vuelta 17:** como la vuelta 5. — (—, 110, 112, —, —) pb.

**Vuelta 18:** como la vuelta 6. — (—, 116, 118, —, —) pb.

**Vueltas 19–23:** como la vuelta 2. — (—, 136, 138, —, —) pb.

## SOLAMENTE para la talla de 1 año

Corte el hilo y entreteja los extremos sueltos.

## SOLAMENTE para la talla de 2 años

**Vuelta 24:** como la vuelta 2. — (—, —, 142, —, —) pb.

Corte el hilo y entreteja los extremos sueltos.

## SOLAMENTE para las tallas de 4 y 6 años

**Vueltas 13–20:** como la vuelta 2. — (—, —, —, 130, 134) pb.

**Vuelta 21:** como la vuelta 5. — (—, —, —, 132, 136) pb.

**Vuelta 22:** como la vuelta 6. — (—, —, —, 138, 142) pb.

**Vueltas 23–26:** como la vuelta 2. — (—, —, —, 154, 158) pb.

## SOLAMENTE para la talla de 4 años

Corte el hilo y entreteja los extremos sueltos.

## SOLAMENTE para la talla de 6 años

**Vueltas 27–28:** como la vuelta 2. — (—, —, —, —, 166) pb.

Corte el hilo y entreteja los extremos sueltos.

## Cuerpo

No dé la vuelta a la labor al final de cada vuelta. Una el hilo para el cuerpo y las mangas en el borde largo de la parte inferior del canesú, con el LD hacia arriba a 13 (15, 15, 17, 17, 19) pts del borde con los ojales.

### Base para la talla de 3 meses

**Vuelta 1:** (trabajando SPT) 1c (no cuenta como un punto), [1pb, 2c, 1pb, sáltese 1, 1pb, 2c, 1pb] 7 veces. 8pbpdl, sáltese 22, [1pb, 2c, 1pb, sáltese 1, 1pb, 2c, 1pb] 7 veces. 8pbpdl. Sáltese los restantes 13 puntos desde el canesú, una con 1 pra en el espacio 2c del principio de la vuelta. (72) pts.

**Vuelta 2:** 3c (cuentan con 1pb y 2c), pb en el mismo espc, 13PAng, [1pb, 2c, 1pb] 4 veces en pbpdl de la vuelta anterior, 14PAng, [1pb, 2c, 1pb] 4 veces en pdpdl de la vuelta anterior. Una con 1 pra en el espc entre 2c del principio de la vuelta. (36) PAng.

### Base para la talla de 6 meses

**Vuelta 1:** (trabajando SPT) 3c (cuenta como 1pb y 2c), 1pb, [1pb, 2c, 1pb, sáltese 1, 1pb, 2c, 1pb] 7 veces, 1pb, 2c, 1pb, 6pbpdl, sáltese 25, 1pb, 2c, 1pb, [1pb, 2c, 1pb, sáltese 1, 1pb, 2c, 1pb] 7 veces, 1pb, 2c, 1pb, 6pbpdl. Sáltese los restantes 15 puntos desde el canesú, una con 1 pra en el espc entre 2c del principio de la vuelta. (76) pts.

**Vuelta 2:** 3c (cuentan como 1pb y 2c), 1pb en el mismo espc, 15PAng, [1pb, 2c, 1pb] 3 veces en pbpdl de la vuelta anterior, 16PAng, [1pb, 2c, 1pb] 3 veces en pbpdl de la vuelta anterior. Una con 1 pra en el espacio entre 2c del principio de la vuelta. (38) PAng.

### Base para la talla de 1 año

**Vuelta 1:** (trabajando en SPT) 1c (no cuenta como punto), [1pb, 2c, 1pb, sáltese 1, 1pb, 2c, 1pb] 8 veces, 8pbpdl, sáltese 26, [1pb, 2c, 1pb, sáltese 1, 1pb, 2c, 1pb] 8 veces. 8pbpdl. Sáltese los restantes 15 puntos desde el canesú. Una con 1 pra en el espc entre 2c del principio de la vuelta. (80) pts.

**Vuelta 2:** 3c (cuentan como 1pb y 2c), 1pb en el mismo espc, 15PAng, [1pb, 2c, 1pb] 4 veces en pbpdl de la vuelta anterior, 16PAng, [1pb, 2c, 1pb] 4 veces en pbpdl de la vuelta anterior. Una con 1 pra en el espc entre 2c del principio de la vuelta. (40) PAng.

### Base para la talla de 2 años

**Vuelta 1:** (trabajando SPT) 3c (cuentan como 1pb y 2c), 1pb, [1pb, 2c, 1pb, sáltese 1, 1pb, 2c, 1pb] 8 veces. 8pbpdl, sáltese 27, 1pb, 2c, 1pb, [1pb, 2c, 1pb, sáltese 1, 1pb, 2c, 1pb] 8 veces. 8pbpdl. Sáltese los restantes 15 puntos desde el canesú. Una con 1 pra en el espacio 2c del principio de la vuelta. (84) pts.

**Vuelta 2:** 3c (cuentan como 1pb y 2c), 1pb en el mismo espc, 16PAng, [1pb, 2c, 1pb] 4 veces en pbpdl de la vuelta anterior, 17Pang, [1pb, 2c, 1pb] 4 veces en pdpdl de la vuelta anterior. Una con un pra en el espc entre 2c del comienzo de la vuelta. (42) PAng.

### Base para la talla de 4 años

**Vuelta 1:** (trabajando SPT) 1c (no cuenta como punto), [1pb, 2c, 1pb, sáltese 1, 1pb, 2c, 1pb] 9 veces, 10pbpdl, sáltese 30, [1pb, 2c, 1pb, sáltese 1, 1pb, 2c, 1pb] 9 veces, 10pbpdl. Sáltese los restantes 17 puntos desde el canesú. Una con 1 pra en el espc entre 2c del principio de la vuelta. (92) pts.

**Vuelta 2:** 3c (cuentan como 1pb y 2c), 1pb en el mismo espc, 17PAng, [1pb, 2c, 1pb] 5 veces en pbpdl de la vuelta anterior, 18PAng, [1pb, 2c, 1pb] 5 veces en pbpdl de la vuelta anterior. Una con 1 pra en el espc entre 2c del principio de la vuelta. (46) PAng.

**Base para la talla de 6 años**

**Vuelta 1:** (trabajando SPT) 3c (cuentan como 1pb y 2c), 1pb [1pb, 2c, 1pb, sáltese 1, 1pb, 2c, 1pb] 9 veces, 1pb, 2c, 1pb, 10pbpdl, sáltese 32, 1pb, 2c, 1pb [1pb, 2c, 1pb, sáltese 1, 1pb, 2c, 1pb] 9 veces, 1pb, 2c, 1pb. 10pbpdl. Sáltese los restantes 18 puntos desde el canesú. Una con 1 pra en el espc entre 2c del principio de la vuelta. (100) pts.

**Vuelta 2:** 3c (cuentan como 1pb y 2c), 1pb en el mismo espc, 19PAng, [1pb, 2c, 1pb] 5 veces en pbpdl de la vuelta anterior, 20PAng, [1pb, 2c, 1pb] 5 veces. Una con 1 pra en el espc entre 2c del principio de la vuelta. (50) PAng.

**Para TODOS los tamaños**

**Vueltas 3–7:** 3c (cuentan como 1pb y 2c), 1pb en el mismo espc. Continúe haciendo PAng en cada espc entre 2c. Una con 1 pra en el espc entre 2c del principio de la vuelta. 36 (38, 40, 42, 46, 50) PAng.

**Vuelta 8:** haga 3 aumentos con PAng espaciándolos de manera uniforme a lo largo de la vuelta. 39 (41, 43, 45, 49, 53) PAng.

**Vueltas 9–15:** continúe trabajando de manera uniforme siguiendo el patrón establecido. 39 (41, 43, 45, 49, 53).

**Vuelta 16:** haga 3 aumentos con PAng espaciándolos de manera uniforme a largo de la vuelta. 42 (44, 46, 48, 52, 56) PAng.

**Vueltas 17–23:** continúe trabajando de manera uniforme siguiendo el patrón establecido. 42 (44, 46, 48, 52, 56).

**Vuelta 24:** haga 3 aumentos con PAng espaciándolos de manera uniforme a lo largo de la vuelta. 45 (47, 49, 51, 55, 59) PAng.

**Vueltas 25–31:** continúe trabajando de manera uniforme siguiendo el patrón establecido. 45 (47, 49, 51, 55, 59).

**Vuelta 32:** haga 3 aumentos con PAng espaciándolos de manera uniforme a lo largo de la vuelta. 48 (50, 52, 54, 58, 62) PAng.

**SOLAMENTE para las tallas de 3 meses, 6 meses y 1 año**

**Vueltas 33–34 (37, 37):** continúe trabajando de manera uniforme siguiendo el patrón establecido. Corte el hilo y entreteja los extremos sueltos. (50, 52, —, —, —) PAng.

**SOLAMENTE para las tallas de 2, 4 y 6 años**

**Vueltas 33–39:** continúe trabajando de manera uniforme siguiendo el patrón establecido. — (—, —, 54, 58, 62) PAng.

**Vuelta 40:** haga 3 aumentos con PAng espaciándolos de manera uniforme a lo largo de la vuelta. — (—, —, 57, 61, 65) PAng.

**SOLAMENTE para la talla de 2 años**

**Vuelta 41:** continúe trabajando de manera uniforme siguiendo el patrón establecido. Corte el hilo y entreteja los extremos sueltos. — (—, —, 57, —, —) PAng.

**SOLAMENTE para las tallas de 4 y 6 años**

**Vueltas 41–42 (45):** continúe trabajando de manera uniforme siguiendo el patrón establecido. Corte el hilo y entreteja los extremos sueltos. — (—, —, —, 61, 65) PAng.

**Mangas**

No dé la vuelta a la labor al final de las vueltas. Cuando trabaje en la sección de las mangas del canesú, hágalo SPT. Para la manga donde están los ojales, deberá superponer 4 (5, 4, 5, 4, 5) puntos en cada lado, con los ojales en la parte superior. Prenda con alfileres y trabaje en la parte superpuesta SPT. En la parte inferior deberá trabajar tanto los puntos de delante como los de atrás para mantener la línea de puntos y fortalecer la costura.

**Base para la talla de 3 meses**

**Vuelta 1:** una la lana en el punto medio de la sisa creada por los pb de base. 3c (cuentan como 1pb y 2c), 1pb, sáltese 1, 1pb, 2c, 1pb, [1pb, 2c, 1pb, sáltese 1, 1pb, 2c, 1pb] 5 veces. Una con 1 pra en el espc entre 2c del principio de la vuelta. (12) PAng.

**Base para la talla de 6 meses**

**Vuelta 1:** una la lana en el punto medio de la sisa creada por los pb de base. 3c (cuentan como 1pb y 2c), 1pb, sáltese 1, 1pb, 2c, 1pb, [1pb, 2c, 1pb, sáltese 1, 1pb, 2c, 1pb] 6 veces, sáltese 1, 1pb, 2c, 1pb. Una con 1 pra en el espc entre 2c del principio de la vuelta. (14) PAng.

**Base para la talla de 1 año**

**Vuelta 1:** una la lana en el punto medio de la sisa creada por los pb de base. 3c (cuentan como 1pb y 2c), 2pb, 2c, 1pb, [1pb, 2c, 1pb, sáltese 1, 1pb, 2c, 1pb] 6 veces. Una con 1 pra en el espc entre 2c del principio de la vuelta. (14) PAng.

**Base para la talla de 2 años**

**Vuelta 1:** una la lana en el punto medio de la sisa creada por los pb de base. 3c (cuentan como 1pb y 2c), 2pb, 2c, 1pb, [1pb, 2c, 1pb, sáltese 1, 1pb, 2c, 1pb] 5 veces, 1pb, 2c, 2pb, 2c, 2pb, 2c, 1pb. Una con 1 pra en el espc entre 2c del principio de la vuelta. (15) PAng.

**Base para la talla de 4 años**

**Vuelta 1:** una la lana en el punto medio de la sisa creada por los pb de base. 3c (cuentan como 1pb y 2c), 2pb, 2c, 1pb, [1pb, 2c, 1pb, sáltese 1, 1pb, 2c, 1pb] 7 veces, sáltese 1. Una con 1 pra en el espc entre 2c del principio de la vuelta. (16) PAng.

**Base para la talla de 6 años**

**Vuelta 1:** una la lana en el punto medio de la sisa creada por los pb de base. 3c (cuentan como 1pb y 2c), 1pb [1pb, 2c, 1pb] 2 veces, [1pb, 2c, 1pb, sáltese 1, 1pb, 2c, 1pb] 3 veces, [1pb, 2c, 1pb] 3 veces, [1pb, 2c, 1pb, sáltese 1, 1 pb, 2c, 1 pb] 3 veces. Una con 1pra en el espc entre 2c del principio de la vuelta. (18) PAng.

**Para TODOS los tamaños**

**Vueltas 2–23 (27, 29, 33, 41, 48):** 3c (cuentan como pb y 2c), pb en el mismo espacio entre 2c. Haga PAng en cada espc entre 2c. 12 (14, 14, 15, 16, 18). Remate. Usando los ojales como guía, cosa los botones en el lado apropiado del canesú. Entreteja los extremos de hilo suelto.

# CHAQUETA DE LOBO

Los ochos y las orejas confieren un aspecto rústico a este jersey con capucha.
El denso medio punto alto se trabaja de modo que crea un tejido muy sólido y
abrigado, ideal para mantener calentitos a los peques en los días fríos. El tallaje es
bastante amplio, para poder trabajar sobre capas y para que aguante los estirones.

## nivel intermedio

| Tamaño | 3 meses | 6 meses | 1 año | 2 años | 4 años | 6 años |
|---|---|---|---|---|---|---|
| Pecho final | 54 cm | 56 cm | 67 cm | 70 cm | 75 cm | 78 cm |
| Longitud final | 34 cm | 38 cm | 39 cm | 41 cm | 44,5 cm | 48 cm |
| Longitud de manga | 16 cm | 18 cm | 19 cm | 22 cm | 27 cm | 32 cm |
| Cantidad de hilo | 399 m | 518 m | 622 m | 713 m | 866 m | 931 m |

MATERIALES:
- 4 (5, 6, 7, 8, 9) madejas de 50 g de Artesano Superwash Merino (100 % de lana de merino superlavado), 112 m, gris (SFN41)
- Aguja de ganchillo de 4 mm
- Aguja de tapicería
- 6 (6, 7, 7, 8, 8) botones alargados (de unos 3 cm de longitud)

COMENTARIOS SOBRE EL HILO:
Esta bonita lana de merino DK superlavado es muy suave y se trabaja rápidamente con una aguja de 4 mm de calibre.

ALTERNATIVAS DE HILO:
King Cole Merino Blend DK
Madelinetosh Tosh DK

TENSIÓN:
Haga una muestra en medio punto alto sólido de 10 cm$^2$ con 13 vueltas de 13 pts usando una aguja de 4 mm de calibre, o del tamaño necesario para obtener la tensión que se indica.

## PUNTOS ESPECIALES:

### Medio punto alto sólido (mpas)

Todos los mpa del patrón se trabajan en el espacio entre puntos de la vuelta anterior, lo que crea un tejido más sólido y abrigado y minimiza el característico efecto de rayas que crean las vueltas de ganchillo.

### 2 medios puntos altos juntos (mpas2j)

[PHA, introduzca la aguja en el siguiente espacio entre los puntos, PHA y haga pasar el hilo por el punto] 2 veces (5 puntos en la aguja), PHA y haga pasar el hilo por todos los punto que tiene en la aguja. Una la disminución de mpas.

### Medio punto alto base (mpab)

3c, PHA, introduzca la aguja en la 3.ª c desde la aguja, PHA y haga pasar el hilo por el punto (3 puntos en la aguja), PHA y haga pasar el hilo por 1 punto (1c hecha), PHA y haga pasar el hilo por los 3 puntos de la aguja, ★PHA, introduzca el punto en la c hecha en el último punto, PHA y haga pasar el hilo por 1 punto (1c hecha), PHA y haga pasar el hilo por los 3 puntos de la aguja; repita desde ★ hasta tener el número de puntos necesario.

### Ochos para delantero y capucha

(de 10 puntos)

**Vuelta de ochos 1 (LD):** 2MpaRpdl, 1mpa, 4MpaRpdl en los puntos de 2 vueltas más abajo, 1mpa, 2MpaRpdl.

**Vuelta de ochos 2 (LR):** 2MpaRpdr, 6mpa, 4MpaRpdr.

**Vuelta de ochos 3:** 2MpaRpdl, 1mpa, sáltese 2, [1PatRpdl en PatRpdl de 2 vueltas más abajo] 2 veces, 1PatRpdl en el primer

PatRpdl sin trabajar de 2 vueltas más abajo, 1 PatRpdl en el siguiente PatRpdl sin trabajar de 2 vueltas más abajo, 1mpa, 1MpaRpdl.

**Vuelta de ochos 4:** repita la vuelta 2.

**Vueltas de ochos 5-6:** repita las vueltas 1–2.

## NOTAS SOBRE EL PATRÓN:

- La chaqueta va en su mayor parte sin costuras y se trabaja desde la parte superior de la capucha hacia abajo.
- Hay instrucciones para la versión de niño (botones a la derecha) y de niña (botones a la izquierda).

## INSTRUCCIONES:

### Capucha (todas las tallas)

Haga 12mpapdl.

**Vuelta base (LR):** 2c (se cuentan como 1mpa), 10mpa, haga 4mpa en el último punto y dé la vuelta para trabajar por el otro lado de mpapdl, 11mpa, dé la vuelta. (26) pts.

**Vuelta 1 (LD):** 2c, haga la vuelta 1 del patrón de ochos (haciendo los PatRpdl en los mpapdl de la base) [2mpa en mpa (trabajando el punto del modo normal, no en el espacio, como en el mpas)] 4 veces, haga la vuelta 1 del patrón de ochos (haciendo los PatRpdl en los mpapdl de la base), 1mpa. Dé la vuelta. (30) pts.

**Vuelta 2:** 2c, haga la vuelta 2 del patrón de ochos, [2mpa en mpa, 1mpas] 4 veces, haga la vuelta 2 del patrón de ochos, 1mpa. (34) pts.

**Vuelta 3:** 2c, haga la vuelta 3 del patrón de ochos, [2mpas, 2mpa en mpa] 4 veces, haga la vuelta 3 del patrón de ochos, 1mpa. (38) pts.

**Vuelta 4:** 2c, haga la vuelta 4 del patrón de ochos, [2mpa en mpa, 3mpas] 4 veces,

haga la vuelta 4 del patrón de ochos, 1mpa. (42) pts.

**Vuelta 5:** 2c, haga la vuelta 5 del patrón de ochos, [4mpas, 2mpa en mpa] 4 veces, haga la vuelta 5 del patrón de ochos, 1mpa. (46) pts.

**Vuelta 6:** 2c, haga la vuelta 6 del patrón de ochos, [2mpa en mpa, 5mpas] 4 veces, haga la vuelta 6 del patrón de ochos, 1mpa. 50 (50, 50, 50, 50, 50) pts.

Para la talla de 3 meses, haga ahora la vuelta 12.

### SOLAMENTE para las tallas de 6 meses, 1, 2, 4 y 6 años

**Vuelta 7:** 2c, haga el patrón de ochos del modo indicado, [6mpas, 2mpa en mpa] 4 veces, haga el patrón de ochos del modo indicado, 1mpa. — (54, 54, 54, 54, 54) pts.

Para la talla de 6 meses, haga ahora la vuelta 12.

### SOLAMENTE para las tallas de 1, 2, 4 y 6 años

**Vuelta 8:** 2c, haga el patrón de ochos del modo indicado, [2mpa en mpa, 7mpas] 4 veces, haga el patrón de ochos del modo indicado, 1mpa. — (—, 58, 58, 58, 58) pts.

Para la talla de 1 año, haga ahora la vuelta 12.

### SOLAMENTE para las tallas de 2, 4 y 6 años

**Vuelta 9:** 2c, haga el patrón de ochos del modo indicado, [8mpas, 2mpa en mpa] 4 veces, haga el patrón de ochos del modo indicado, 1mpa. — (—, —, 62, 62, 62) pts.

Para la talla de 2 años, haga ahora la vuelta 12.

**SOLAMENTE para las tallas de 4 y 6 años**

**Vuelta 10:** 2c, haga el patrón de ochos del modo indicado, [2mpa en mpa, 9mpas] 4 veces, haga el patrón de ochos del modo indicado, 1mpa. — (—, —, —, 66, 66) pts.

Para la talla de 4 años, haga ahora la vuelta 12.

**SOLAMENTE para la talla de 6 años**

**Vuelta 11:** 2c, haga el patrón de ochos del modo indicado, [10mpas, 2mpa en mpa] 4 veces, haga el patrón de ochos del modo indicado, 1mpa. — (—, —, —, —, 70) pts.

**Para TODAS las tallas**

**Vueltas 12–18 (23, 24, 26, 27, 29):** 2c, haga el patrón de ochos del modo indicado, 28 (32, 36, 40, 44, 48) mpas, haga el patrón de ochos del modo indicado, 1mpa. 50 (54, 58, 62, 66, 70) pts.

**Vuelta 19 (24, 25, 27, 28, 30):** 2c, haga el patrón de ochos del modo indicado, trabaje con mpa y haga 5 mpa2j uniformemente espaciados a lo largo de la vuelta, haga el patrón de ochos del modo indicado, 1mpa. 45 (49, 53, 57, 61, 65) pts.

**Vuelta 20 (25, 26, 28, 29, 31):** 2c, haga el patrón de ochos del modo indicado, 23 (27, 31, 35, 39, 43) mpa, haga el patrón de ochos del modo indicado, 1mpa. 45 (49, 53, 57, 61, 65) pts.

**Vuelta 21 (26, 27, 29, 30, 32):** 2c, haga el patrón de ochos del modo indicado, trabaje con mpa y haga 5 (4, 3, 1, 4, 5) mpa2j uniformemente espaciados a lo largo de la vuelta, haga el patrón de ochos del modo indicado, 1mpa. 40 (45, 50, 56, 57, 60) pts.

**Vueltas 22 (27, 28, 30, 31, 33) − 23 (29, 33, 37, 43, 43):** 2c, haga el patrón de ochos del modo indicado, 18 (23, 28, 34, 35, 38) mpas, haga el patrón de ochos del modo indicado, 1mpa. 40 (45, 50, 56, 57, 60) pts.

**SOLAMENTE para la talla de 6 años**

**Vuelta 44:** 2c, haga el patrón de ochos del modo indicado, haga 3mpa2j uniformemente espaciados a lo largo de la vuelta, haga el patrón de ochos del modo indicado, 1mpa. — (—, —, —, —, 57) pts.

**Vuelta 45:** 2c, haga el patrón de ochos del modo indicado, 35mpa, haga el patrón de ochos del modo indicado, 1mpa. — (—, —, —, —, 57) pts.

## Desde el cuello hasta la sisa

**Vuelta 1 (LD):** 2c, haga el patrón de ochos del modo indicado para la parte frontal y la capucha, — (—, 2, 3, 3, 3) mpas, (1mpa, 1c, 1mpa) en mpas, 2 (4, 3, 4, 4, 4) mpas, (1mpa, 1c, 1mpa) en mpas, 9 (10, 13, 15, 16, 16) mpas, (1mpa, 1c, 1mpa) en mpas, 2 (4, 3, 4, 4, 4) mpas, (1mpa, 1c, 1mpa) en mpas, 1 (1, 3, 4, 4, 4) mpas, haga el patrón de ochos del modo indicado, 1mpa. 44 (49, 54, 60, 61, 61) pts.

**Vueltas 2–15 (17, 19, 19, 21, 23):** 2c, haga el patrón de ochos del modo indicado, 1mpas en cada mpas, (1mpa, c, 1mpa) en cada espc durante 16 (18, 20, 20, 22, 24) vueltas. 108 (121, 134, 140, 149, 157) pts.

**Vuelta 16 (18, 20, 20, 22, 24):** (esta vuelta separará las mangas del cuerpo) 2c, haga el patrón de ochos del modo indicado, 10 (11, 14, 15, 16, 17) mpas, 6 (5, 6, 6, 7, 7) mpapdl, sáltese 19 (23, 24, 25, 27, 29), 28 (31, 36, 38, 41, 43) mpas, 6 (5, 6, 6, 7, 7) mpapdl, sáltese 19 (23, 24, 25, 27, 29), 10 (11, 14, 15, 16, 17) mpas, haga el patrón de ochos del modo indicado, 1mpa. 82 (85, 98, 102, 109, 113) pts.

**Vueltas 17 (19, 21, 21, 23, 25) – 44 (48, 50, 53, 57, 61):** trabaje siguiendo el patrón indicado.

Corte el hilo y entreteja los extremos sueltos.

## Mangas (haga 2)

Dé la vuelta a la labor al final de cada vuelta.

**Vuelta 1:** una el hilo en mitad de mpapdl por el lado de la cadeneta, 2c (cuentan como 1mpa), 24 (27, 29, 30, 33, 35) mpas.

Una con 1pra a la parte superior de las 2c. Dé la vuelta. 25 (28, 30, 31, 34, 36) pts.

**Vueltas 2–18 (21, 23, 26, 33, 39):** continúe trabajando en el patrón indicado.

**Vuelta 19 (22, 24, 27, 34, 40):** 2c, sáltese 1 (—, —, 1, —, —), ★1PaRpdl, 1PaRpdr; repita desde ★ hasta el final. Una. No dé la vuelta. 25 (28, 30, 31, 34, 36) pts.

**Vuelta 20 (23, 25, 28, 35, 41):** 2c, ★1PaRpdl, 1PaRpdr; repita desde ★ hasta el final. Corte el hilo y entreteja los extremos sueltos.

## Orejas (haga 4)

C10.

**Vuelta 1:** comenzando en la 2.ª c desde la aguja, 9pb. Dé la vuelta (9) pb.

**Vuelta 2:** 1pb, 1pb2j, 6pb. Dé la vuelta. (8) pb.

**Vuelta 3:** 1pb, 1pb2 j, 5pb. Dé la vuelta. (7) pb.

**Vuelta 4:** 1pb, 1pb2 j, 4pb. Dé la vuelta. (6) pb.

**Vuelta 5:** 1pb, 1pb2 j, 3pb. Dé la vuelta. (5) pb.

**Vuelta 6:** 1pb, 1pb2 j, 2pb. Dé la vuelta. (4) pb.

**Vuelta 7:** 1pb, 1pb2 j, 1pb. Dé la vuelta. (3) pb.

**Vuelta 8:** 1pb, 1pb2 j. Dé la vuelta. (2) pb.

**Vuelta 9:** 1pb2j. (1) pb.

Corte el hilo y entreteja los extremos sueltos en un lado de las orejas.

Sujete 2 triángulos juntos enfrentando los lados donde están los extremos de hilo entretejidos y alineando el resto de los bordes. Comenzando en la esquina donde la parte inferior se encuentra con los lados, pb hasta la punta del triángulo haciendo un pb en el borde de cada vuelta. Cuando llegue a la punta del triángulo (pb, 2c, pb) en el punto superior, pb por el otro lado del triángulo. Corte el hilo y deje una cola de 20 cm para coser. Fíjese en la foto para colocar las orejas de lobo y coserlas en la parte superior de la capucha. Entreteja los extremos sueltos.

## Borde y ojales

Una el hilo en la esquina inferior derecha de la parte frontal con el LD mirando hacia arriba para trabajar por la parte delantera de la chaqueta. [pb al final de cada vuelta durante 5cm, 4c, pb en la siguiente vuelta (un ojal hecho)] 6 (6, 7, 7, 8, 8) veces.

Continúe haciendo pb alrededor de la parte delantera de la capucha.

En el lado opuesto al de los ojales, haga un solo ojal, a unos 7,5 cm del cuello. Continúe haciendo pb por la parte frontal de la chaqueta y alrededor de la parte inferior hasta llegar al punto donde unió el hilo. Corte el hilo y entreteja los extremos sueltos.

Usando la foto y los ojales como guía, coloque los botones y cóselos en el lado interior del ocho opuesto al de los ojales, de modo que los ochos queden totalmente superpuestos al abrochar la chaqueta.

# EL CUARTO DE JUEGOS

Alfombra de estrella
Pulpo dormilón
Manta de banderines
Manta de girasol
Caballito de palo

# ALFOMBRA DE ESTRELLA

Esta fresca versión de la tradicional alfombra de retazos añadirá
un toque divertido a cualquier cuarto infantil.

*nivel
intermedio*

| Tamaño | Tamaño único |
|---|---|
| **Anchura** | 130 cm |
| **Cantidad de hilo** | 322 m |

## MATERIALES:

- Color principal (CP): 3 madejas de 500 g de Hooplayarn (algodón de jersey reciclado), 100 m, gris (Grey Marl)
- Color A: 1 madeja de 500 g de Hooplayarn (algodón de jersey reciclado), 100 m, verde fosforito (Neon Green)
- Color B: 1 madeja de 500 g de Hooplayarn (algodón de jersey reciclado), 100 m, azul agua (Aqua Blue)
- Color C: 1 madeja de 500 g de Hooplayarn (algodón de jersey reciclado), 100 m, azul oscuro (Darkest Blue)
- Aguja de ganchillo de 9 mm

## COMENTARIOS SOBRE EL HILO:

Con este hilo de camiseta, hecho de restos textiles, confeccionará una alfombra resistente y ecológica.

## ALTERNATIVAS DE HILO:

Zapetti

Idle Hands T-shirt Yarn

## TENSIÓN:

Haga una muestra de punto alto de 10 cm² con 2,5 vueltas de 10 pts usando una aguja de 9 mm de calibre, o del tamaño necesario para obtener la tensión que se indica.

## PUNTOS ESPECIALES:

**Punto de concha modificado (ConchMod)**

(3pa, 1pad, 3pa) en el mismo punto.

**Punto alto de 3 juntos (pa3j)**

[Introduzca la aguja en el siguiente punto, PHA y haga pasar el hilo por el punto] 3 veces (4 puntos en la aguja), PHA y haga pasar el hilo por los 4 puntos.

## NOTAS SOBRE EL PATRÓN:

No dé la vuelta a la labor al final de cada vuelta.

## INSTRUCCIONES:

Usando el CP, 1c (no cuenta como punto), [1pb, 1c] 5 veces en un aro deslizado. Una. (5) pb.

**Vuelta 1:** 1c (no cuenta como punto), ★2pb en pb, 2pb en el espc; repita desde ★ hasta el final. Una en el primer pb. (20) pb.

**Vuelta 2:** 1c (no cuenta como punto), 1pb, [sáltese 1, (2pa, pad, 2pa) en pb, sáltese 1pb] 4 veces, sáltese 1, (2pa, pad, 2pa) en pb, sáltese 1, pra en el primer pb. (30) pts.

**Vuelta 3:** 3c (cuenta como 1pa), 1pa, ConchMod en pad, 2pa, 1pb, ★ 2pa, ConchMod en pad, 2pa, 1pb; repita desde ★ hasta el final. Una en la parte superior de 3c. Corte el hilo. (60) pts.

**Vuelta 4:** cambie el color por A, 1pra en el primer pa, 3c (cuenta como 1pa), 3pa, ConchMod en pad, 4pa, pb3j, ★4pa, ConchMod en pad, 4pa, pb3j; repita desde ★ hasta el final. Una en la parte superior de 3c. Corte el hilo. (80) pts.

**Vuelta 5:** cambie de color por B, 1pra en el primer pa, 3c (cuenta como 1pa), 5pa, ConchMod en la pad, 6pa, pb3j, ★6pa, ConchMod en pad, 6pa, pb3j; repita desde ★ hasta el final. Una en la parte superior de 3c. Corte el hilo. (100) pts.

**Vuelta 6:** cambie el color por C, 1pra en el primer pa, 3c (cuenta como 1pa), 7pa, ConchMod en pad, 8pa, pb3j, ★8pa, ConchMod en pad, 8pa, pb3j; repita desde ★ hasta el final. Una en la parte superior de 3c. Corte el hilo. (120) pts.

**Vuelta 7:** cambie al CP, 1pra en el primer pa, 3c (cuenta como 1pa), 9pa, ConchMod en pad, 10pa, pb3j, ★10pa, ConchMod en pad, 10pa, pb3j; repita desde ★ hasta el final. Una en la parte superior de 3c. Corte el hilo. (140) pts.

**Vuelta 8:** 1pra en el primer pa, 3c (cuenta como 1pa), 11pa, ConchMod en pad, 12pa, pb3j, ★12pa, ConchMod en pad, 12pa, pb3j; repita desde ★ hasta el final. Una en la parte superior de 3c. Corte el hilo. (160) pts.

**Vuelta 9:** 1pra en el primer pa, 3c (cuenta como 1pa), 13pa, ConchMod en pad, 13pa, pb3j, ★14pa, ConchMod en pad, 14pa, pb3j; repita desde ★ hasta el final. Una en la parte superior de 3c. Corte el hilo. (180) pts.

**Vuelta 10:** cambie el color por A, 1pra en el primer pa, 3c (cuenta como 1pa), 15pa, ConchMod en pad, 16pa, pb3j, ★16pa, ConchMod en pad, 16pa, pb3j; repita desde ★ hasta el final. Una en la parte superior de 3c. Corte el hilo. (200) pts.

**Vuelta 11:** cambie el color por B, 1pra en el primer pa, 3c (cuenta como 1pa), 17pa, ConchMod en pad, 18pa, pb3j, ★18pa, ConchMod en pad, 18pa, pb3j; repita desde ★ hasta el final. Una en la parte superior de 3c. Corte el hilo. (220) pts.

**Vuelta 12:** cambie el color por C, 1pra en el primer pa, 3c (cuenta como 1pa), 19pa, ConchMod en pad, 20pa, pb3j, ★20pa, ConchMod en pad, 20pa, pb3j; repita desde ★ hasta el final. Una en la parte superior de 3c. Corte el hilo. (240) pts.

**Vuelta 13:** cambie por el CP, 1pra en el primer pa, 3c (cuenta como 1pa), 21pa, ConchMod en pad, 22pa, pb3j, ★22pa, ConchMod en pad, 22pa, pb3j; repita desde ★ hasta el final. Una en la parte superior de 3c. Corte el hilo. (260) pts.

**Vuelta 14:** 1pra en el primer pa, 3c (cuenta como 1pa), 23pa, ConchMod en pad, 24pa, pb3j, ★24pa, ConchMod en pad, 24pa, pb3j; repita desde ★ hasta el final. Una en la parte superior de 3c. Corte el hilo. (280) pts. Corte y entreteja los hilos sueltos con la aguja de ganchillo.

# PULPO DORMILÓN

Este es el compañero perfecto para todas las aventuras submarinas que puedan ocurrir en la tierra de los sueños, aunque conviene saber que el animalito ronca.

*nivel*
*intermedio*

| Tamaño | Tamaño único |
|---|---|
| **Anchura** | 46 cm |
| **Cantidad de hilo** | 340 m |

## MATERIALES:

- Color principal (CP): 9 madejas de 100 g de Cygnet Seriously Chunky (100% de acrílico), 48 m, naranja (Burnt Orange, 4888)
- Color de contraste (CC): 1 madeja de 100 g de Cygnet Seriously Chunky (100% de acrílico), 48 m, negro (217)
- Aguja de ganchillo de 9 mm
- Relleno para muñecos o una almohada de unos 46 cm (una cuadrada servirá si no encuentra una redonda)
- Cremallera de 40 cm en un color a juego
- Aguja de tapicería
- Aguja de coser
- Hilo a juego
- Marcador de puntos

## COMENTARIOS SOBRE EL HILO:

Este hilo es suave, lavable y asequible, y constituye una opción excelente para la decoración de habitaciones.

## ALTERNATIVAS DE HILO:

Sirdar Big Softie Super Chunky
Cascade Magnum

## TENSIÓN:

Haga una muestra de punto bajo de 10 cm$^2$ con 8 vueltas de 9 pts usando una aguja de 9 mm de calibre, o del tamaño necesario para obtener la tensión que se indica.

## NOTAS SOBRE EL PATRÓN:

Este patrón se trabaja enteramente en redondo en el estilo *amigurumi*, sin costuras ni cadenetas adicionales al inicio de las vueltas. Señale el comienzo de las vueltas con un marcador de puntos.

## INSTRUCCIONES:

### Tentáculos (haga 8)

Con el CP, deje una cola de hilo de 15 cm, haga 1c (no cuenta como punto) y 5pb en un aro deslizado. (5) pb.

**Vuelta 1:** 5pb.

**Vuelta 2:** 2pb en pb, 1pb, pb2j, 1pb. (5) pb.

**Vueltas 3–13:** (es más fácil trabajar esta sección en espiral en lugar de estar llevando la cuenta de los puntos de cada vuelta) 1pb, 2pb en el medio de la V donde hizo 2pb en la vuelta anterior, 1pb, pb2j trabajando en los 2 lados de pb2j de la vuelta anterior, 1pb. (5) pb.

**Vuelta 14:** [2pb en pb] 2 veces, coloque el marcador de puntos en el primer pb, 3pb. (7) pb.

Mueva el marcador de puntos al primer punto de cada vuelta.

**Vuelta 15:** 2pb, [2pb en pb] 2 veces, 3pb. (9) pb.

**Vuelta 16:** 3pb, [2pb en pb] 2 veces, 4pb. (11) pb.

**Vueltas 17–21:** 11pb.

**Vuelta 22:** 1pb, pb2j, 6pb, pb2j. (9) pb.

**Vuelta 23:** pb2j, 3pb, 2pb en pb, 3pb. (9) pb.

**Vuelta 24:** pb2j, 7pb. (8) pb.

**Vueltas 25–28:** 8pb.

Enhebre la cola de hilo del principio en una aguja de tapicería. Entreteja el hilo por los puntos del lado del tentáculo que se curva naturalmente. Tire con suavidad para acentuar la curva. Cuando llegue a la sección de los aumentos, meta el hilo dentro del tentáculo y remate.

## Cojín (haga 2)

Con el CP, haga 1c (no cuenta como punto), 6pb en un aro deslizado. (6) pb.

★2pb en pb; repita desde ★ hasta el final. (12) pb.

★2pb en pb, 1pb; repita desde ★ hasta el final. (18) pb.

★2pb en pb, 2pb; repita desde ★ hasta el final. (24) pb.

★2pb en pb, 3pb; repita desde ★ hasta el final. (30) pb.

★2pb en pb, 4pb; repita desde ★ hasta el final. (36) pb.

★2pb en pb, 5pb; repita desde ★ hasta el final. (42) pb.

★2pb en pb, 6pb; repita desde ★ hasta el final. (48) pb.

★2pb en pb, 7pb; repita desde ★ hasta el final. (54)pb.

★2pb en pb, 8pb; repita desde ★ hasta el final. (60) pb.

★2pb en pb, 9pb; repita desde ★ hasta el final. (66) pb.

★2pb en pb, 10pb; repita desde ★ hasta el final. (72)pb.

★2pb en pb, 11pb; repita desde ★ hasta el final. (78) pb.

★2pb en pb, 12pb; repita desde ★ hasta el final. (84) pb.

★2pb en pb, 13pb; repita desde ★ hasta el final. (90) pb.

★2pb en pb, 14pb; repita desde ★ hasta el final. (96) pb.

★2pb en pb, 15pb; repita desde ★ hasta el final. (102) pb.

★2pb en pb, 16pb; repita desde ★ hasta el final. (108) pb.

## Unir

Haga pra alrededor de los bordes. Junte las piezas superior e inferior por el lado del revés alineando los puntos. Con la pieza superior encarada hacia usted, haga 2pra atravesando las 2 piezas (las 4 hebras de los puntos) para unir los lados.

## Unir con los tentáculos

Doble por la mitad el extremo abierto del tentáculo alineando bien los puntos y colóquelo entre las 2 piezas del cojín. Introduzca la aguja a través de la pieza superior y luego a través de las 2 piezas del tentáculo y de la inferior del cojín. PHA, haga pasar el hilo por los puntos de todas las capas hasta llegar a la de arriba y luego hágalo pasar por el punto que tiene en la aguja.

Repita los pasos 2-3 para los 3 puntos restantes del tentáculo y luego haga 3pra a través de las 2 piezas del cojín.

Repita los pasos 1-4 para los 3 tentáculos restantes de ese lado.

Haga 15pra atravesando las 2 piezas del cojín.

Repita los pasos 1-4 para los 3 tentáculos del otro lado del cojín.

Repita los pasos 1-4 para el último tentáculo, pero haga solo 2pra después del último tentáculo. Corte el hilo y entreteja los extremos sueltos.

Inserte la cremallera en la abertura del cojín. Con una aguja de coser, cosa a mano un lado de la cremallera hasta la parte superior del cojín y el otro lado hasta la parte inferior abriendo la cremallera cuando sea necesario. Rellene el cojín con relleno para muñecos o una almohada.

**Nota:** Si no quiere utilizar una cremallera, cierre el cojín con pra. (108) pra.

## Ojos

Con la foto como guía, enhebre una aguja de tapicería con el CC para bordar los párpados con punto atrás (*véase* la página 15, sección «Técnicas y puntos básicos») y luego haga las pestañas con 5 puntadas cortas.

# MANTA DE BANDERINES

Los vivos colores de la secuencia de banderines de esta manta alegrarán cualquier cuarto de juegos.

## nivel intermedio

| Tamaño | Tamaño único |
|---|---|
| **Longitud final** | 128,5 cm |
| **Anchura final** | 88 cm |
| **Color principal** | 1475 m |
| **Color B** | 185 m |
| **Colores C, D, E, F, G** | 95 m |

**MATERIALES:**

◎ Color principal (CP): 12 madejas de 50 g de Milla Mia DK (100% de lana de merino superlavado), 125 m, blanco (Snow, 124)

◎ Color B: 2 madejas de 50 g de Milla Mia DK (100% de lana de merino superlavado), 125 m, gris (Storm, 102)

◎ Color C: 1 madeja de 50 g de Milla Mia DK (100% de lana de merino superlavado), 125 m, rojo (Scarlet, 140)

◎ Color D: 1 madeja de 50 g de Milla Mia (100% de lana de merino superlavado), 125 m, amarillo (Daisy 142)

◎ Color E: 1 madeja de 50 g de Milla Mia DK (100% de lana de merino superlavado), 125 m, verde (Grass, 141)

◎ Color F: 1 madeja de 50 g de Milla Mia DK (100% de lana de merino superlavado), 125 m, azul (Peacock, 144)

◎ Color G: 1 madeja de 50 g de Milla Mia DK (100% de lana de merino superlavado), 125 m, fucsia (143)

◎ Aguja de ganchillo de 4 mm

◎ Aguja de tapicería

**ALTERNATIVAS DE HILO:**

Rowan Pure Wool DK

Patons Fab DK

**TENSIÓN:**

Haga una muestra de pb de 10 cm² con 18 vueltas de 18 pts usando una aguja de 4 mm de calibre, o del tamaño necesario para obtener la tensión que se indica.

## NOTAS SOBRE EL PATRÓN:

• Este patrón es un tapiz de colores. Para garantizar el acabado más limpio posible, cuando haga los banderines, deberá llevar el CP por la parte superior de los puntos de la vuelta anterior y trabajar alrededor de él. Este es también un método útil para asegurar los extremos sueltos sin tener que entretejerlos más tarde.

• Deberá dejar colgando los hilos de color cuando cambie al CP entre cada banderín, y recogerlos cuando le vuelva a tocar utilizarlos en la siguiente vuelta.

• Siempre deberá cambiar de color cuando tenga 2 puntos del pb anterior en la aguja (*véase* la página 14 de la sección «Técnicas y puntos básicos»). No cuente la cadeneta del principio de la vuelta como un punto.

## INSTRUCCIONES:

Con el CP, haga 157c.

**Vuelta 1:** comenzando en la 2.ª c desde la aguja, 156pb. Dé la vuelta. (156) pb.

**Vueltas 2–4:** 1c, pb. Dé la vuelta. (156) pb.

**Vueltas 5–6:** Cambie al color B, 1c, pb. Dé la vuelta.

**Vuelta 7:** (necesitará 2 madejas distintas del color F en esta vuelta para 2 medios banderines). Una el color F, 1c, 12pb. Cambie al CP, 1pb. Cambie al color E, 25pb. Cambie al CP, 1pb. Cambie al color D, 25pb. Cambie al CP, 1pb. Cambie al color C, 25pb. Cambie al CP, 1pb. Cambie al color B, 25pb. Cambie al CP, 1pb. Cambie al color G, 25pb. Cambie al CP, 1pb. Cambie al color F, 13pb. Dé la vuelta.

**Vuelta 8:** con el color F, 1c, 12pb. Cambie al CP, 3pb. Cambie al color G, 23pb. Cambie al CP, 3pb. Cambie al color B, 23pb. Cambie al CP, 3pb. Cambie al color C, 23pb. Cambie al CP, 3pb. Cambie al color D, 23pb. Cambie al CP, 3pb. Cambie al color E, 23pb. Cambie al CP, 3pb. Cambie al color F, 11pb. Dé la vuelta.

**Vuelta 9:** con el color F, 1c, 11pb. Cambie al CP, 3pb. Cambie al color E, 23pb. Cambie al CP, 3pb. Cambie al color D, 23pb. Cambie al CP, 3pb. Cambie al color C, 23pb. Cambie al CP, 3pb. Cambie al color B, 23pb. Cambie al CP, 3pb. Cambie al color G, 23pb. Cambie al CP, 3pb. Cambie al color F, 12pb. Dé la vuelta.

**Vuelta 10:** con el color F, 1c, 11pb. Cambie al CP, 5pb. Cambie al color G, 21pb. Cambie al CP, 5pb. Cambie al color B, 21pb. Cambie al CP, 5pb. Cambie al color C, 21pb. Cambie al CP, 5pb. Cambie al color D, 21pb. Cambie al CP, 5pb. Cambie al color E, 21pb. Cambie al CP, 5pb. Cambie al color F, 10pb. Dé la vuelta.

**Vuelta 11:** con el color F, 1c, 10pb. Cambie al CP, 5pb. Cambie al color E, 21pb. Cambie al CP, 5pb. Cambie al color D, 21pb. Cambie al CP, 5pb. Cambie al color C, 21pb. Cambie al CP, 5pb. Cambie al color B, 21pb. Cambie al CP, 5pb. Cambie al color G, 21pb. Cambie al CP, 5pb. Cambie al color F, 11pb. Dé la vuelta.

**Vuelta 12:** con el color F, 1c, 10pb. Cambie al CP, 7pb. Cambie al color G, 19pb. Cambie al CP, 7pb. Cambie al color B, 19pb. Cambie al CP, 7pb. Cambie al color C, 19pb. Cambie al CP, 7pb. Cambie al color D, 19pb. Cambie al CP, 7pb. Cambie al color E, 19pb. Cambie al CP, 7pb. Cambie al color F, 9pb. Dé la vuelta.

**Vuelta 13:** con el color F, 1c, 9pb. Cambie al CP, 7pb. Cambie al color E, 19pb. Cambie al CP, 7pb. Cambie al color D, 19pb. Cambie al CP, 7pb. Cambie al color C, 19pb. Cambie al CP, 7pb. Cambie al color B, 19pb. Cambie al CP, 7pb. Cambie al color G, 19pb. Cambie al CP, 7pb. Cambie al color F, 10pb. Dé la vuelta.

**Vuelta 14:** con el color F, 1c, 9pb. Cambie al CP, 9pb. Cambie al color G, 17pb. Cambie al CP, 9pb. Cambie al color B, 17pb. Cambie al CP, 9pb. Cambie al color C, 17pb. Cambie al CP, 9pb. Cambie al color D, 17pb. Cambie al CP,

9pb. Cambie al color E, 17pb. Cambie al CP, 9pb. Cambie al color F, 8pb. Dé la vuelta.

**Vuelta 15:** con el color F, 1c, 8pb. Cambie al CP, 9pb. Cambie al color E, 17pb. Cambie al CP, 9pb. Cambie al color D, 17pb. Cambie al CP, 9pb. Cambie al color C, 17pb. Cambie al CP, 9pb. Cambie al color B, 17pb. Cambie al CP, 9pb. Cambie al color G, 17pb. Cambie al CP, 9pb. Cambie al color F, 9pb. Dé la vuelta.

**Vuelta 16:** con el color F, 1c, 8pb. Cambie al CP, 11pb. Cambie al color G, 15pb. Cambie al CP, 11pb. Cambie al color B, 15pb. Cambie al CP, 11pb. Cambie al color C, 15pb. Cambie al CP, 11pb. Cambie al color D, 15pb. Cambie al CP, 11pb. Cambie al color E, 15pb. Cambie al CP, 11pb. Cambie al color F, 7pb. Dé la vuelta.

**Vuelta 17:** con el color F, 1c, 7pb. Cambie al CP, 11pb. Cambie al color E, 15pb. Cambie al CP, 11pb. Cambie al color D, 15pb. Cambie al CP, 11pb. Cambie al color C, 15pb. Cambie al CP, 11pb. Cambie al color B, 15pb. Cambie al CP, 11pb. Cambie al color G, 15pb. Cambie al CP, 11pb. Cambie al color F, 8pb. Dé la vuelta.

**Vuelta 18:** con el color F, 1c, 8pb. Cambie al CP, 11pb. Cambie al color G, 15pb. Cambie al CP, 11pb. Cambie al color B, 15pb. Cambie al CP, 11pb. Cambie al color C, 15pb. Cambie al CP, 11pb. Cambie al color D, 15pb. Cambie al CP, 11pb. Cambie al color E, 15pb. Cambie al CP, 11pb. Cambie al color F, 7pb. Dé la vuelta.

**Vuelta 19:** con el color F, 1c, 6pb. Cambie al CP, 13pb. Cambie al color E, 13pb. Cambie al CP, 13pb. Cambie al color D, 13pb. Cambie al CP, 13pb. Cambie al color C, 13pb. Cambie al CP, 13pb. Cambie al color B, 13pb. Cambie al CP, 13pb. Cambie al color G, 13pb. Cambie al CP, 13pb. Cambie al color F, 7pb. Dé la vuelta.

**Vuelta 20:** con el color F, 1c, 7pb. Cambie al CP, 13pb. Cambie al color G, 13pb. Cambie al CP, 13pb. Cambie al color B, 13pb. Cambie al CP, 13pb. Cambie al color C, 13pb. Cambie al CP, 13pb.

Cambie al color D, 13pb. Cambie al CP, 13pb. Cambie al color E, 13pb. Cambie al CP, 13pb. Cambie al color F, 6pb. Dé la vuelta.

**Vuelta 21:** con el color F, 1c, 5pb. Cambie al CP, 15pb. Cambie al color E, 11pb. Cambie al CP, 15pb. Cambie al color D, 11pb. Cambie al CP, 15pb. Cambie al color C, 11pb. Cambie al CP, 15pb. Cambie al color B, 11pb. Cambie al CP, 15pb. Cambie al color G, 11pb. Cambie al CP, 15pb. Cambie al color F, 6pb. Dé la vuelta.

**Vuelta 22:** con el color F, 1c, 6pb. Cambie al CP, 15pb. Cambie al color G, 11pb.

Cambie al CP, 15pb. Cambie al color B, 11pb. Cambie al CP, 15pb. Cambie al color C, 11pb. Cambie al CP, 15pb. Cambie al color D, 11pb. Cambie al CP, 15pb. Cambie al color E, 11pb. Cambie al CP, 15pb. Cambie al color F, 5pb. Dé la vuelta.

**Vuelta 23:** con el color F, 1c, 4pb. Cambie al CP, 17pb. Cambie al color E, 9pb. Cambie al CP, 17pb. Cambie al color D, 9pb. Cambie al CP, 17pb. Cambie al color C, 9pb. Cambie al CP, 17pb. Cambie al color B, 9pb. Cambie al CP, 17pb. Cambie al color G, 9pb. Cambie al CP, 15pb. Cambie al color F, 5pb. Dé la vuelta.

**Vuelta 24:** con el color F, 1c, 5pb. Cambie al CP, 17pb. Cambie al color G, 9pb. Cambie al CP, 17pb. Cambie al color B, 9pb. Cambie al CP, 17pb. Cambie al color C, 9pb. Cambie al CP, 17pb. Cambie al color D, 9pb. Cambie al CP, 17pb. Cambie al color E, 9pb. Cambie al CP, 17pb. Cambie al color F, 4pb. Dé la vuelta.

**Vuelta 25:** con el color F, 1c, 3pb. Cambie al CP, 19pb. Cambie al color E, 7pb. Cambie al CP, 19pb. Cambie al color D, 7pb. Cambie al CP, 19pb. Cambie al color C, 7pb. Cambie al CP, 19pb. Cambie al color B, 7pb. Cambie al CP, 19pb. Cambie al color G, 7pb. Cambie al CP, 19pb. Cambie al color F, 4pb. Dé la vuelta.

**Vuelta 26:** con el color F, 1c, 4pb. Cambie al CP, 19pb. Cambie al color G, 7pb. Cambie al CP, 19pb. Cambie al color B, 7pb. Cambie al CP, 19pb. Cambie al color C, 7pb. Cambie al CP, 19pb. Cambie al color D, 7pb. Cambie al CP, 19pb. Cambie al color E, 7pb. Cambie al CP, 19pb. Cambie al color F, 3pb. Dé la vuelta.

**Vuelta 27:** con el color F, 1c, 2pb. Cambie al CP, 21pb. Cambie al color E, 5pb. Cambie al CP, 21pb. Cambie al color D, 5pb. Cambie al CP, 21pb. Cambie al color C, 5pb. Cambie al CP, 21pb. Cambie al color B, 5pb. Cambie al CP, 21pb. Cambie al color G, 5pb. Cambie al CP, 21pb. Cambie al color F, 3pb. Dé la vuelta.

**Vuelta 28:** con el color F, 1c, 3pb. Cambie al CP, 21pb. Cambie al color G, 5pb. Cambie al CP, 21pb. Cambie al color B, 5pb. Cambie al CP, 21pb. Cambie al color C, 5pb. Cambie al CP, 21pb. Cambie al color D, 5pb. Cambie al CP, 21pb. Cambie al color E, 5pb. Cambie al CP, 21pb. Cambie al color F, 2pb. Dé la vuelta.

**Vuelta 29:** con el color F, 1c, 1pb. Cambie al CP, 23pb. Cambie al color E, 3pb. Cambie al CP, 23pb. Cambie al color D, 3pb. Cambie al CP, 23pb. Cambie al color C, 3pb. Cambie al CP, 23pb. Cambie al color B, 3pb. Cambie al CP, 23pb. Cambie al color G, 3pb. Cambie al CP, 23pb. Cambie al color F, 2pb. Dé la vuelta.

**Vuelta 30:** con el color F, 1c, 2pb. Cambie al CP, 23pb. Cambie al color G, 3pb. Cambie al CP, 23pb. Cambie al color B, 3pb. Cambie al CP, 23pb. Cambie al color C, 3pb. Cambie al CP, 23pb. Cambie al color D, 3pb. Cambie al CP, 23pb. Cambie al color E, 3pb. Cambie al CP, 23pb. Cambie al color F, 1pb. Dé la vuelta.

**Vuelta 31:** (en esta vuelta, corte los hilos de colores mientras trabaja) cambie al CP, 1c, 25pb. Cambie al color E, 1pb. Cambie al CP, 25pb. Cambie al color D, 1pb. Cambie al CP, 25pb. Cambie al color C, 1pb. Cambie al CP, 25pb. Cambie al color B, 1pb. Cambie al CP, 25pb. Cambie al color G, 1pb. Cambie al CP, 25pb. Cambie al color F, 1pb. Dé la vuelta.

**Vueltas 32–45:** Cambie al CP, 1c, pb. Dé la vuelta.

**Vuelta 46:** con el CP, 1c, 13pb. Cambie al color C, 1pb. Cambie al CP, 25pb. Cambie al color D, 1pb. Cambie al CP, 25pb. Cambie al color E, 1pb. Cambie al CP, 25pb. Cambie al color F, 1pb. Cambie al CP, 25pb. Cambie al color G, 1pb. Cambie al CP, 25pb. Cambie al color B, 1pb. Cambie al CP, 12pb. Dé la vuelta.

**Vuelta 47:** con el CP, 1c, 11pb. Cambie al color B, 3pb. Cambie al CP, 23pb. Cambie al color G, 3pb. Cambie al CP, 23pb. Cambie al color F, 3pb. Cambie al CP, 23pb. Cambie al color E, 3pb. Cambie al CP, 23pb. Cambie al color D, 3pb. Cambie al CP, 23pb. Cambie al color C, 3pb. Cambie al CP, 12pb. Dé la vuelta.

**Vuelta 48:** con el CP, 1c, 12pb. Cambie al color C, 3pb. Cambie al CP, 23pb. Cambie al color D, 3pb. Cambie al CP, 23pb. Cambie al color E, 3pb. Cambie al CP, 23pb. Cambie al color F, 3pb. Cambie al CP, 23pb. Cambie al color G, 3pb. Cambie al CP, 23pb. Cambie al color B, 3pb. Cambie al CP, 11pb. Dé la vuelta.

**Vuelta 49:** con el CP, 1c, 10pb. Cambie al color B, 5pb. Cambie al CP, 21pb. Cambie al color G, 5pb. Cambie al CP, 21pb.

Cambie al color F, 5pb. Cambie al CP, 21pb. Cambie al color E, 5pb. Cambie al CP, 21pb. Cambie al color D, 5pb. Cambie al CP, 21pb. Cambie al color C, 5pb. Cambie al CP, 11pb. Dé la vuelta.

**Vuelta 50:** con el CP, 1c, 11pb. Cambie al color C, 5pb. Cambie al CP, 21pb. Cambie al color D, 5pb. Cambie al CP, 21pb. Cambie al color E, 5pb. Cambie al CP, 21pb. Cambie al color F, 5pb. Cambie al CP, 21pb. Cambie al color G, 5pb. Cambie al CP, 21pb. Cambie al color B, 5pb. Cambie al CP, 10pb. Dé la vuelta.

**Vuelta 51:** con el CP, 1c, 9pb. Cambie al color B, 7pb. Cambie al CP, 19pb. Cambie al color G, 7pb. Cambie al CP, 19pb. Cambie al color F, 7pb. Cambie al CP, 19pb. Cambie al color E, 7pb. Cambie al CP, 19pb. Cambie al color D, 7pb. Cambie al CP, 19pb. Cambie al color C, 7pb. Cambie al CP, 10pb. Dé la vuelta.

**Vuelta 52:** con el CP, 1c, 10pb. Cambie al color C, 7pb. Cambie al CP, 19pb. Cambie al color D, 7pb. Cambie al CP, 19pb. Cambie al color E, 7pb. Cambie al CP, 19pb. Cambie al color F, 7pb. Cambie al CP, 19pb. Cambie al color G, 7pb. Cambie al CP, 19pb. Cambie al color B, 7pb. Cambie al CP, 9pb. Dé la vuelta.

**Vuelta 53:** con el CP, 1c, 8pb. Cambie al color B, 9pb. Cambie al CP, 17pb. Cambie al color G, 9pb. Cambie al CP, 17pb. Cambie al color F, 9pb. Cambie al CP, 17pb. Cambie al color E, 9pb. Cambie al CP, 17pb. Cambie al color D,

9pb. Cambie al CP, 17pb. Cambie al color C, 9pb. Cambie al CP, 9pb. Dé la vuelta.

**Vuelta 54:** con el CP, 1c, 9pb. Cambie al color C, 9pb. Cambie al CP, 17pb. Cambie al color D, 9pb. Cambie al CP, 17pb. Cambie al color E, 9pb. Cambie al CP, 17pb. Cambie al color F, 9pb. Cambie al CP, 17pb. Cambie al color G, 9pb. Cambie al CP, 17pb. Cambie al color B. 9pb. Cambie al CP, 8pb. Dé la vuelta.

**Vuelta 55:** con el CP, 1c, 7pb. Cambie al color B, 11pb. Cambie al CP, 15pb. Cambie al color G, 11pb. Cambie al CP, 15pb. Cambie al color F, 11pb. Cambie al CP, 15pb. Cambie al color E, 11pb. Cambie al CP, 15pb. Cambie al color D, 11pb. Cambie al CP, 15pb. Cambie al color C, 11pb. Cambie al CP, 8pb. Dé la vuelta.

**Vuelta 56:** con el CP, 1c, 8pb. Cambie al color C, 11pb. Cambie al CP, 15pb. Cambie al color D, 11pb. Cambie al CP, 15pb. Cambie al color E, 11pb. Cambie al CP, 15pb. Cambie al color F, 11pb. Cambie al CP, 15pb. Cambie al color G, 11pb. Cambie al CP, 15pb. Cambie al color B, 11pb. Cambie al CP, 7pb. Dé la vuelta.

**Vuelta 57:** con el CP, 1c, 6pb. Cambie al color B, 13pb. Cambie al CP, 13pb. Cambie al color G, 13pb. Cambie al CP, 13pb. Cambie al color F, 13pb. Cambie al CP, 13pb. Cambie al color E, 13pb. Cambie al CP, 13pb. Cambie al color D, 13pb. Cambie al CP, 13pb. Cambie al color C, 13pb. Cambie al CP, 7pb. Dé la vuelta.

Cambie al color D, 15pb. Cambie al CP, 11pb. Cambie al color E, 15pb. Cambie al CP, 11pb. Cambie al color F, 15pb. Cambie al CP, 11pb. Cambie al color G, 15pb. Cambie al CP, 11pb. Cambie al color B, 15pb. Cambie al CP, 5pb. Dé la vuelta.

**Vuelta 61:** con el CP, 1c, 5pb. Cambie al color B, 15pb. Cambie al CP, 11pb. Cambie al color G, 15pb. Cambie al CP, 11pb. Cambie al color F, 15pb. Cambie al CP, 11pb. Cambie al color E, 15pb. Cambie al CP, 11pb. Cambie al color D, 15pb. Cambie al CP, 11pb. Cambie al color C, 15pb. Cambie al CP, 6pb. Dé la vuelta.

**Vuelta 62:** con el CP, 1c, 5pb. Cambie al color C, 17pb. Cambie al CP, 9pb. Cambie al color D, 17pb. Cambie al CP, 9pb. Cambie al color E, 17pb. Cambie al CP, 9pb. Cambie al color F, 17pb. Cambie al CP, 9pb. Cambie al color G, 17pb. Cambie al CP, 9pb. Cambie al color B, 17pb. Cambie al CP, 4pb. Dé la vuelta.

**Vuelta 63:** con el CP, 1c, 4pb. Cambie al color B, 17pb. Cambie al CP, 9pb. Cambie al color G, 17pb. Cambie al CP, 9pb. Cambie al color F, 17pb. Cambie al CP, 9pb. Cambie al color E, 17pb. Cambie al CP, 9pb. Cambie al color D, 17pb. Cambie al CP, 9pb. Cambie al color C, 17pb. Cambie al CP, 5pb. Dé la vuelta.

**Vuelta 64:** con el CP, 1c, 4pb. Cambie al color C, 19pb. Cambie al CP, 7pb. Cambie al color D, 19pb. Cambie al CP, 7pb. Cambie al color E, 19pb. Cambie al CP, 7pb. Cambie al color F, 19pb. Cambie al CP, 7pb. Cambie al color G, 19pb. Cambie al CP, 7pb. Cambie al color B, 19pb. Cambie al CP, 3pb. Dé la vuelta.

**Vuelta 58:** con el CP, 1c, 7pb. Cambie al color C, 13pb. Cambie al CP, 13pb. Cambie al color D, 13pb. Cambie al CP, 13pb. Cambie al color E, 13pb. Cambie al CP, 13pb. Cambie al color F, 13pb. Cambie al CP, 13pb. Cambie al color G, 13pb. Cambie al CP, 13pb. Cambie al color B, 13pb. Cambie al CP, 6pb. Dé la vuelta.

**Vuelta 59:** con el CP, 1c, 5pb. Cambie al color B, 15pb. Cambie al CP, 11pb. Cambie al color G, 15pb. Cambie al CP, 11pb. Cambie al color F, 15pb. Cambie al CP, 11pb. Cambie al color E, 15pb. Cambie al CP, 11pb. Cambie al color D, 15pb. Cambie al CP, 11pb. Cambie al color C, 15pb. Cambie al CP, 6pb. Dé la vuelta.

**Vuelta 60:** con el CP, 1c, 6pb. Cambie al color C, 15pb. Cambie al CP, 11pb.

**Vuelta 65:** con el CP, 1c, 3pb. Cambie al color B, 19pb. Cambie al CP, 7pb. Cambie al color G, 19pb. Cambie al CP, 7pb. Cambie al color F, 19pb. Cambie al CP, 7pb. Cambie al color E, 19pb. Cambie al CP, 7pb. Cambie al color D, 19pb. Cambie al CP, 7pb. Cambie al color C, 19pb. Cambie al CP, 4pb. Dé la vuelta.

**Vuelta 66:** con el CP, 1c, 3pb. Cambie al color C, 21pb. Cambie al CP, 5pb. Cambie al color D, 21pb. Cambie al CP, 5pb. Cambie al color E, 21pb. Cambie al CP, 5pb. Cambie al color F, 21pb. Cambie al CP, 5pb. Cambie al color G, 21pb. Cambie al CP, 5pb. Cambie al color B, 21pb. Cambie al CP, 2pb. Dé la vuelta.

**Vuelta 67:** con el CP, 1c, 2pb. Cambie al color B, 21pb. Cambie al CP, 5pb. Cambie al color G, 21pb. Cambie al CP, 5pb. Cambie al color F, 21pb. Cambie al CP, 5pb. Cambie al color E, 21pb. Cambie al CP, 5pb. Cambie al color D, 21pb. Cambie al CP, 5pb. Cambie al color C, 21pb. Cambie al CP, 3pb. Dé la vuelta.

**Vuelta 68:** con el CP, 1c, 2pb. Cambie al color C, 23pb. Cambie al CP, 3pb. Cambie al color D, 23pb. Cambie al CP, 3pb. Cambie al color E, 23pb. Cambie al CP, 3pb. Cambie al color F, 23pb. Cambie al CP, 3pb. Cambie al color G, 23pb. Cambie al CP, 3pb. Cambie al color B, 23pb. Cambie al CP, pb. Dé la vuelta.

**Vuelta 69:** con el CP, 1c, pb. Cambie al color B, 23pb. Cambie al CP, 3pb. Cambie al color G, 23pb. Cambie al CP, 3pb. Cambie al color F, 23pb. Cambie al CP, 3pb. Cambie al color E, 23pb. Cambie al CP, 3pb. Cambie al color D, 23pb. Cambie al CP, 3pb.

Cambie al color C, 23pb. Cambie al CP,
2pb. Dé la vuelta.

**Vuelta 70:** (en esta vuelta, corte los hilos
de colores mientras trabaja) con el CP, 1c,
1pb. Cambie al color C, 25pb. Cambie
al CP, 1pb. Cambie al color D, 25pb.
Cambie al CP, 1pb. Cambie al color E,
25pb. Cambie al CP, 1pb. Cambie al color
F, 25pb. Cambie al CP, 1pb. Cambie al
color G, 25pb. Cambie al CP, 1pb. Cambie
al color B, 25pb. Dé la vuelta.

**Vueltas 71–72:** continuando con el color B,
1c, pb. Corte por el color B. Dé la vuelta.

**Vueltas 73–76:** Cambie al CP. 1c, pb.
Dé la vuelta.

Repita las vueltas 1–76 2 veces más.

Remate y entreteja los extremos sueltos.

# MANTA DE GIRASOL

Los vibrantes y alegres girasoles crecen en abundancia en Iowa, mi tierra natal, y siempre han sido mis flores favoritas. Esta mantita es una labor muy sencilla y rápida de hacer. Puede confeccionarse de un día para otro, mientras se ve una película, para crear un regalo.

*nivel de principiante*

| Tamaño | Tamaño único |
|---|---|
| Diámetro acabado | 84 cm |
| Cantidad de hilo | 243 m |

## MATERIALES:

- Color principal (CP): 2 madejas de 250 g de Cascade Yarns Magnum (100 % de lana), 112 m, dorado (9463B)
- Color de contraste (CC): 1 madeja de 250 g de Cascade Yarns Magnum (100 % de lana), 112 m, negro (0050)
- Aguja de ganchillo de 12 mm
- Aguja de tapicería

## COMENTARIOS SOBRE EL HILO:

Este bonito hilo de una sola hebra y muy grueso permite tejer muy rápido.

## ALTERNATIVAS DE HILO:

Seriously Chunky de Cygnet

## TENSIÓN:

Haga una muestra de punto alto de 10 cm² con 3,5 vueltas de 7,25 pts usando una aguja de 12 mm de calibre, o del tamaño necesario para obtener la tensión que se indica.

## PUNTOS ESPECIALES:

**3 puntos altos juntos (pa3j)**
PHA, introduzca la aguja en el primer punto para hacer una disminución, PHA, haga pasar el hilo por el punto (3 puntos en la aguja). PHA, introduzca la aguja en el siguiente punto para hacer una disminución, PHA y haga pasar el hilo por el punto (5 puntos en la aguja). PHA, introduzca la aguja en el tercer punto para hacer una disminución, PHA y haga pasar el hilo por el punto (7 puntos en la aguja). PHA y haga pasar el hilo por 6 puntos. PHA y haga pasar el hilo por los 2 puntos restantes. Disminución de 2 pts.

## INSTRUCCIONES:

Con el CC, 1c (no cuenta como punto), 6pb en un aro deslizado. Una la vuelta. (6) pb.

**Vuelta 1:** 1c, 2pb en cada punto. Una la vuelta. (12) pb.

Notas sobre el patrón: Se confecciona desde el centro en círculo. Los espacios creados por las cadenetas van formando los pétalos de la flor.

No dé la vuelta a la labor al final de cada vuelta.

**Vuelta 2:** 1c, ★2pb en el mismo punto, 1pb; repita desde ★ hasta el final. Una la vuelta. (18) pb.

**Vuelta 3:** 1c, ★2pb en el mismo punto, 2pb; repita desde ★ hasta el final. Una la vuelta. (24) pb.

**Vuelta 4:** 4c (cuentan como 1pb y 3c), sáltese 2, ★1pb, 3c, sáltese 2; repita desde ★ hasta el final. Una la vuelta. Corte el hilo. (12) pb.

De aquí en adelante, cada 3c del principio de la vuelta cuentan como 1pa.

**Vuelta 5:** (esta vuelta se hace en 3espc), una el CP en el primer espc, 3c, 3pa, 1c, ★4pa en los siguientes 3espc, 1c; repita desde ★ hasta el final. Una en la parte superior de las 3c del principio de la vuelta. (48) pa.

**Vuelta 6:** 3c, [2pa en pa] 2 veces, 1pa, 1c, sáltese 1espc, ★1pa [2pa en pa] 2 veces, 1pa, 1c, sáltese c; repita desde ★ hasta el final. Una la vuelta. (72) pa.

**Vuelta 7:** 3c, 1pa, 2pa en pa, 3pa, 1c, sáltese 1espc, ★2pa, 2pa en pa, 3pa, 1c, sáltese 1espc; repita desde ★ hasta el final. Una la vuelta. (84) pa.

**Vuelta 8:** 3c, 2pa, 2pa en pa, 3pa, 1c, sáltese 1espc, ★3pa, 2pa en pa, 3pa, 1c, sáltese 1espc; repita desde ★ hasta el final. Una la vuelta. (96) pa.

**Vuelta 9:** 3c, 3pa, 2pa en pa, 3pa, 1c, sáltese 1espc, ★4pa, 2pa en pa, 3pa, 1c, sáltese 1espc; repita desde ★ hasta el final. Una la vuelta. (108) pa.

**Vuelta 10:** 3c, sáltese 1pa, 5pa, pa2j, 3c, sáltese 1espc, ★pa2j, 5pa, pa2j, 3c, sáltese 1espc; repita desde ★ hasta el final. Una la vuelta. (84) pa.

**Vuelta 11:** 3c, sáltese 1espc, 3pa, pa2j, 1c, 3pa en 3espc, 1c, ★pa2j, 3pa, pa2j, 1c, 3pa

en 3espc, c; sáltese 1espc; repita desde ★ hasta el final. Una la vuelta. (96) pa.

**Vuelta 12:** 3c, sáltese 1pa, 1pa, pa2j, 1c, sáltese 1espc, 2pa en pa, 1pa, 2pa en pa, 1c, sáltese 1espc, ★pa2j, 1pa, pa2j, 1c, sáltese 1espc, 2pa en pa, 1pa, 2pa en pa, 1c, sáltese 1espc; repita desde ★ hasta el final. Una la vuelta. (96) pa.

**Vuelta 13:** 3c, pa2j, 1c, sáltese 1espc, 2pa en pa, 2c, sáltese 1pa, 2pa en pa, 2c, sáltese 1pa, 2pa en pa, 1c, sáltese 1pa, ★pa3j, 1c, sáltese 1espc, 2pa en pa, 2c, sáltese 1pa, 2pa en pa, 2c, sáltese 1pa, 2pa en pa, 1c, sáltese 1espc; repita desde ★ hasta el final. Una la vuelta. (84) pa.

Corte el hilo y entreteja los extremos sueltos. El patrón que forman los espacios de cadeneta será más visible si la pieza se estira un poco con la plancha.

# CABALLITO DE PALO

¿A quién no le gustaría correr por la casa en un caballito de mentira?
Este tradicional juguete proporcionará horas y horas de diversión.

*nivel intermedio*

| Tamaño | Tamaño único |
|---|---|
| **Medidas finales (relleno)** | 20 cm × 25 cm |
| **Cantidad de hilo: yegua gris** | 197 m |
| **Cantidad de hilo: crin** | 71 m |
| **Cantidad de hilo: unicornio** | 213 m |

## MATERIALES:

### Para la yegua gris

- Color principal (CP): 2 madejas de 50 g de Wendy Mode DK (50% de lana, 50% de acrílico), 142 m, gris niebla (Fog, 232)
- Color A: 1 madeja de 50 g de Wendy Mode (50% de lana, 50% de acrílico), 142 m, pizarra (Shale, 219)
- Color B: 1 madeja de 50 g de Wendy Mode DK (50% de lana, 50% de acrílico), 142 m, grano de café (Coffe Bean, 218)

### Para el unicornio

- Color principal (CP): 3 madejas de 50 g de Wendy Mode DK (50% de lana, 50% de acrílico), 142 m, blanco (Whisper White, 232)

- Aguja de ganchillo de 4 mm
- Aguja de ganchillo de 3,75 mm
- Aguja de tapicería
- Relleno para muñecos
- 2 botones (de 2,5 cm de diámetro) para los ojos
- Palo de madera (de 1,5 cm de diámetro × 90 cm de longitud)
- Aceite de linaza u otro aceite para acabados de madera
- Sierra de mano pequeña
- Pegamento térmico (opcional)

## COMENTARIOS SOBRE EL HILO:

Es muy duradero y, a la vez, muy agradable de trabajar. Esta mezcla DK de 50% de lana y 50 % de acrílico es perfecta para un juguete al que se le va a dar mucho trote.

## ALTERNATIVAS DE HILO:

Patons Fab DK

## TENSIÓN:

Haga una muestra de pb de 10 cm² con 13,5 vueltas de 16 pts usando una aguja de 4 mm de calibre, o del tamaño necesario para obtener la tensión que se indica.

*Notas sobre el patrón: En el unicornio, no hay cambios de color. La cadeneta del comienzo de las vueltas de este patrón no se cuenta como 1 punto.*

## INSTRUCCIONES:

### Hocico

No dé la vuelta a la labor al principio de la vuelta.

Con la aguja más grande y el hilo indicado para la nariz (CP para el unicornio y color A para la yegua gris), 1c, 8pb en un aro deslizado. Una la vuelta. (8) pb.

**Vuelta 1:** 1c, ★2pb en pb; repita desde ★ hasta el final. Una la vuelta. (16) pb.

**Vuelta 2:** 1c, ★2pb en pb, 1pb; repita desde ★ hasta el final. Una la vuelta. (24) pb.

**Vuelta 3:** 1c, ★2pb en pb, 2pb; repita desde ★ hasta el final. Una la vuelta. (32) pb.

**Vuelta 4:** 1c, ★2pb en pb, 3pb; repita desde ★ hasta el final. Una la vuelta. (40) pb.

**Vuelta 5:** 1c, ★2pb en pb, 4pb; repita desde ★ hasta el final. Una la vuelta. (48) pb.

**Vuelta 6:** 1c, ★2pb en pb, 5pb; repita desde ★ hasta el final. Una la vuelta. (56) pb.

Para la yegua gris, si está alternando colores para la nariz y la parte principal del caballo, cambie al CP.

Esta sección se trabaja enteramente en redondo, en el estilo *amigurumi*, sin costuras ni cadenetas adicionales al comienzo de las vueltas.

**Vueltas 7–33:** 56pb. Una. No dé la vuelta. (56) pb.

### Parte superior de la cabeza

Esta sección se trabaja dando la vuelta a la labor al final de cada vuelta.

**Vueltas 1–14:** 1c, 28pb. Dé la vuelta. (28) pb.

Doble por la mitad la última vuelta juntando los lados del derecho y alineando los puntos. La aguja se introduce por las 4 hebras del punto, 14pra para cerrar la costura. Corte el hilo.

## Cuello

Esta sección se trabaja enteramente en redondo, en el estilo *amigurumi*, sin costuras ni cadenetas adicionales al principio de la vuelta. No dé la vuelta a la labor al final de la vuelta.

## Base

Una el hilo al lado de donde empezó a trabajar con vueltas. Haga 1pb al final de cada vuelta alrededor de los puntos del hocico que están sin trabajar. (56) pb.

**Vuelta 1:** ★pb2j, 5pb, repita desde ★ hasta el final. (48) pb.

**Vueltas 2–25:** 48pb. (48) pb.

**Vueltas 26–33:** cambie la aguja por una más pequeña. 2c (no cuentan como punto), ★PaRpdl, PaRpdr; repita desde ★ hasta el final. (48) pts.

## Orejas (haga 4)

Con la aguja más grande y CP para el unicornio o la yegua gris, haga 9c.

**Vuelta 1:** comenzando con la segunda cadeneta desde la aguja, 8pb. Dé la vuelta. (8) pb.

**Vuelta 2:** 1c, 3pb, pb2j, 4pb. Dé la vuelta. (7) pb.

**Vuelta 3:** 1c, 2pb, pb2j, 3pb. Dé la vuelta. (6) pb.

**Vuelta 4:** 1c, 2pb, pb2j, 2pb. Dé la vuelta. (5) pb.

**Vuelta 5:** 1c, 2pb, pb2j, 1pb. Dé la vuelta. (4) pb.

**Vuelta 6:** 1c, 2pb, pb2j. Dé la vuelta. (3) pb.

**Vuelta 7:** 1c, 1pb, pb2j. Dé la vuelta. (2) pb.

**Vuelta 8:** pb2j. Corte el hilo. (1) pb.

Sujete las 2 orejas juntándolas por el lado del revés. Una el hilo en el borde de la c inicial. Trabajando al final de las vueltas, 7pb, [1pb, 2c, 1pb] en pb2j desde la vuelta 8, 7pb por el otro extremo de las vueltas. Corte el hilo y deje una cola de 20 cm para coser.

### Cuerno del unicornio

Esta sección se trabaja enteramente en redondo, en el estilo *amigurumi*, sin costuras ni cadenetas adicionales al principio de las vueltas. No dé la vuelta a la labor al final de la vuelta.

Con la aguja más grande y el hilo indicado para el cuerno, 1c (no cuenta como 1 punto), 4pb en un aro deslizado. (4) pb.

**Vuelta 1:** 4pb.

**Vuelta 2:** ★1pb, 2pb en el siguiente; repita desde ★ hasta el final. (6) pb.

**Vuelta 3:** 6pb.

**Vuelta 4:** ★1pb, 2pb en el siguiente; repita desde ★ hasta el final. (9) pb.

**Vuelta 5:** 9pb.

**Vuelta 6:** ★2pb, 2pb en el siguiente; repita desde ★ hasta el final. (12) pb.

**Vueltas 7–11:** 12pb.

Corte el hilo y deje una cola de 30 cm para coser. Rellene un poco.

### Relleno

Rellene por completo la parte de la cabeza del caballo. Para minimizar los bultos, utilice una sola pieza de relleno, en lugar de varias pequeñas.

### Atar la crin

Con el color A para la yegua gris y el CP para el unicornio, corte fragmentos de hilo de unos 17,5 cm de longitud. Doble los fragmentos por la mitad y, con la aguja de ganchillo, haga pasar los hilos por los espacios entre los puntos donde quiera que vaya la crin. Entreteja los extremos de las crines en los puntos y tire con firmeza. Repita lo mismo hasta tener una crin del espesor deseado.

### Brida

Con la aguja de ganchillo más grande, el color B para la yegua gris y el CP para el unicornio, una el hilo por debajo del hocico del caballo, en la parte exterior de la vuelta 17. Con el espacio entre los puntos como guía, pra en la parte exterior de la nariz describiendo un círculo completo.

Use un segundo fragmento del mismo hilo (córtelo de la madeja o extráigalo del centro de la misma) para tener una lana doble y haga una cadeneta de 50 cm.

Rodee la parte posterior con las riendas y haga pra para unirlas a la brida. Entreteja los extremos sueltos.

### Coser

Con la foto como guía, cosa las orejas y los botones en el lugar de los ojos. Para las pestañas, corte varias hebras de lana y átelas alrededor de los botones. Córtelas de la longitud que desee.

### Palo

Siga las instrucciones que acompañen el aceite para tratar madera. Marque 3 líneas a 19 cm/20 cm/21 cm de la parte superior del palo y sierre 3 muescas de unos 5 mm de anchura y profundidad todo alrededor del palo a la altura de estas marcas.

Envuelva el palo con relleno hasta la primera muesca y añada más relleno . en la parte superior de la cabeza del caballo. Introduzca el palo en el cuello del caballo. Sujete el cuello por fuera enrollando hilo firmemente alrededor, en el punto donde están las muescas (para sujetarlo con mayor firmeza, puede poner un poco de pegamento térmico en las muescas antes de enrollar el hilo).

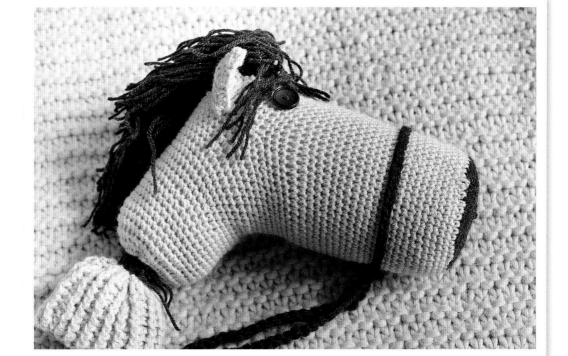

# PROVEEDORES

Puede encontrar los hilos que se emplean en este libro poniéndose en contacto con los siguientes fabricantes.

**Adriafil Srl.**
Empresa italiana de hilos. Ofrece una amplia gama de pesos, colores y fibras.
www.adriafil.com/uk

**Artesano Ltd.**
Confeccionan lanas de alpaca y merino.
www.artesanoyarns.co.uk

**Cascade Yarns**
Confeccionan una amplia variedad de hilos.
www.cascadeyarns.com

**Coats and Crafts**
Suministran hilos Patons.
www.coatscrafts.co.uk/Products/Knitting

**Cygnet Yarns Ltd.**
Fabricante de hilo radicado en el Reino Unido.
www.cygnetyarns.com

**Designer Yarns**
Suministran lanas Debbie Bliss.
www.designeryarns.uk.com

**Hooplayarn**
Proveedores de hilo de algodón de Jersey reciclado.
www.hooplayarn.co.uk

**Jamieson's**
Proveedores de lana Shetland.
www.jamiesonsofshetland.co.uk

**Malabrigo Yarn**
Proveedores de una amplia gama de lanas de bellos colores teñidas a mano.
www.malabrigoyarn.com

**Milla Mia**
Fabricantes de lana de merino DK superlavado.
www.millamia.com

**Quince and Co.**
Preciosos hilos en una gama sutil de colores y distintos pesos.
www.quinceandco.com

**Rico Design**
Gama de bonitos y asequibles hilos de algodón y lana.
www.rico-design.de

**Rowan Yarns**
Proveedores de una amplia gama de hilos de prácticamente todos los pesos y fibras.
www.knitrowan.com

**Sublime Yarns/Sirdar Spinning Ltd.**
Proveedores de hilos Sublime y Sirdar.
www.sirdar.co.uk

**Thomas B. Ramsden (Bradford) Limited**
Proveedores de hilos Wendy.
www.tbramsden.co.uk

**Yarn Love**
Hilos teñidos a mano en una amplia variedad de colores y bases.
www.shopyarnlove.com

**Zitron**
Fabricantes de Trekking Tweed.
www.atelierzitron.de

## OTROS ARTÍCULOS
### Hilos, agujas y otros

### Reino Unido
Loop Knitting
www.loopknittingshop.com

McA Direct
www.mcadirect.com

### Australia
Morris and Sons
http://morrisandsons.com.au

The Wool Shack
www.thewoolshack.com

### Nueva Zelanda
Knit World
www.knitting.co.nz

The Yarn Studio
www.theyarnstudio.co.nz

### Botones de madera
Little Woodlanders
http://www.etsy.com/shop/
littleWoodlanders

### Ropa infantil para sesiones de fotos
Juicy Tots
www.juicytots.co.uk

Livie & Luca
www.livieandluca.co.uk

Love It Love It Love It
www.loveitloveitloveit.co.uk

Sisters Guild
www.sistersguild.co.uk

Tootsa MacGinty
www.tootsamacginty.com

Wild Things Funky Little Dresses
www.etsy.com/shop/wildthingsdresses

# AGRADECIMIENTOS

Cada vez que cojo un libro, lo primero que hago es leer los agradecimientos. La lista de personas mencionadas dice mucho sobre el autor y sobre el proceso de creación del libro. Mi lista es larga, pues son muchos los que han dejado su huella en estas páginas.

Gracias, en primer lugar, a mi agente, Clare Hulton, cuya fe en mi trabajo y deseos de ayudarme me depararon la alegría de un contrato. De hecho, sigo sin poder creérmelo.

En segundo lugar, al fantástico personal de Kyle Books. Después de haber sido seguidora de sus hermosos libros, me emociona mucho que una obra mía esté ahora en su catálogo. Gracias a Vicky, a Nadine, a Louise y a todos los que han hecho que el libro sea tan bonito.

Gracias también a todos los modelos y a sus padres por permitirnos fotografiar a esos niños tan adorables con mis diseños, y a las empresas de hilos que aportaron generosamente el hilo que se ha utilizado en el libro: Artesano, Cascade Yarns, Cygnet, Designer Yarns, Malabrigo Yarns, Milla Mia y Sublime/Sirdar.

Gracias a Kat Molesworth, mi socia, por su infinito buen juicio y sus ánimos, y por asumir tanta carga de nuestro negocio mientras yo me dedicaba a escribir. Fue ella quien me dio la idea del libro: ¡¡gracias!!

Joanne Scrace, mi editora técnica, merece el máximo agradecimiento por tomar mis patrones y transformarlos en algo que tuviera sentido. Los muchos correos electrónicos, los cientos de tuits, la intensa «tormenta de ideas» (el pulpo dormilón y la alfombra de estrella fueron ideas suyas), la paciencia de Joanne y sus conocimientos me dieron la confianza para diseñar, al saber que ella estaría ahí para corregir mis errores.

A mis amigos, reales y «virtuales», que generosamente me dieron ideas y dulces, además de mostrar una paciencia y un apoyo infinitos cuando me sumergí en esta tarea ingente. Mucha gente de la vida real y de internet me empujó no solo a escribir el mejor libro posible, sino también a creer que lo que tengo que ofrecer merece la pena leerse, y nunca podré estarles lo bastante agradecida.

Jessica Harrison, mi cuñada, se merece también un enorme agradecimiento por su ayuda en la confección de muestras, pues yo sola no habría podido acabar a tiempo. El vestido de abedul plateado y la manta de banderines se deben a su duro trabajo.

A nuestros padres, cuya ayuda y guía nos sostuvo durante el frenético verano en que se escribió el libro.

A mis 3 hijos, Ellis, Georgia y Theo, que fueron (casi todo el tiempo) pacientes mientras mamá trabajaba. Gracias, Ellis, por tu tolerancia cada vez que prometía que jugaría contigo 5 minutos «después de esta vuelta» o «cuando el libro esté acabado». Georgia, gracias por quedarte relativamente quieta mientras medía, ajustaba y volvía a ajustar tantas prendas distintas. Y a Theo, gracias por derramar café sobre el ordenador solo 2 veces.

Y por último, mi mayor agradecimiento va, sin duda, para Kevin. Es un regalo estar con alguien que cree tanto en tu trabajo que es capaz de hacer enormes sacrificios para que puedas llevarlo a cabo. Darte las gracias no es suficiente. Siempre te querré.